Actu' Web

Collection dirigée par Édouard Fillias

Darknet

Mythes et réalités

Jean-Philippe Rennard

Professeur à Grenoble École de Management

Doyen du Corps Professoral

ellipses

Dans la collection « Actu' Web »

- *Surfez couvert ! Protéger et défendre sa vie privée numérique*, Yannick Chatelain, 2015
- *Youtube Marketing. Vidéos en ligne et stratégies de contenus : le nouveau storytelling*, Damien Norcia, 2016

Dans la collection « Actu' Gestion »

- *Crowdfunding. Les clés du financement participatif*, Adnane Maalaoui et Pierre Conreaux (coord.), 2014
- *Digital Warketing. Créer et développer son marketing digital*, Yannick Chatelain, 2013
- *Droit du marketing*, Caroline André et Emmanuelle Rigaud, 2014
- *L'Entreprise coopérative. L'organisation de demain ?*, Vassili Joannidès et Stéphane Jaumier (coord.), 2014
- *L'Entreprise humaniste. Le management par les valeurs*, Jacques Horovitz (coord.), 2013
- *E-réputation. Stratégies d'influence sur internet*, Édouard Fillias et Alexandre Villeneuve, 2010
- *Infodesign. Le management visuel de l'information à l'heure du Big Data*, Yann Guilain, 2013
- *Management participatif. La coopération au service de la performance*, Laure Letellier, 2013
- *Médiatiser sa boîte. Doper son business grâce aux relations presse*, Valérie Bauer et Emmanuelle Souffi, 2013
- *Nouveaux enjeux de la GRH. Pratiques actuelles et études de cas*, Nicolas Arnaud (coord.), 2013
- *Storytelling et Contenu de marque. La puissance du langage à l'ère numérique*, Jeanne Bordeau, 2012
- *Stratégies d'investissement. Les secrets de la fortune des Hedge Funds*, Sébastien Laye, 2012

ISBN 9782340-011908

32, rue Bargue 75740 Paris cedex 15

www.editions-ellipses.fr

Sommaire

Introduction

Connaissez-vous l'art « d'éviscérer un voisin sans en gâter la viande [1] ? » Aussi absurde qu'elle puisse paraître, c'est à travers ce type de formule extrême que le grand public a découvert l'existence du *Darknet*. Quelle plus belle accroche en effet pour ce réseau « sombre, » « obscur, » voire si noir qu'on ne saurait s'y aventurer sans risque. Quoi de plus attirant à l'heure d'Internet triomphant que de présenter ces recoins cachés où les vendeurs de drogues côtoieraient aussi bien les multiples tenants des théories du complot, que des terroristes, des tueurs à gages ou des marchands d'armes. Quoi de plus vendeur que d'évoquer les « films nécrophiles » ou les « livres de cuisine anthropophagique » que l'on y trouverait.

La logique des médias contemporains et le goût du public pour le simple et le sensationnel font que le Darknet n'est généralement connu que par ces aspects sombres. C'est d'abord cette constatation qui m'a poussé à écrire ce petit livre. Réduire le Darknet à Silk Road, la défunte place de marché de stupéfiants, revient tout simplement à passer à côté de la réalité. À une époque où il est essentiel que les populations soient sensibilisées aux conséquences de l'extension d'Internet aux aspects les plus intimes de la vie de chacun, il est nécessaire de montrer que le Darknet n'est pas une réalité univoque, mais un fait social d'importance, aux finalités multiples.

Le Darknet repose sur une collection d'outils et comme pour tous les outils on en trouve des usages positifs, qui contribuent sans conteste à l'avancement du corps social et répondent à certains des besoins nouveaux que l'évolution d'Internet a engendrés, mais on en trouve aussi des usages noirs et condamnables. Le Darknet n'est pas une structure homogène, simple et monolithique, c'est un ensemble diversifié, actif, pétillant, à la fois sombre et lumineux. C'est à cette réalité, technique et sociale, que je souhaite introduire.

Ce texte n'est pas un manuel technique sur l'art d'accéder au Darknet pour y trouver les stupéfiants et autres produits ou services illicites que l'on pourrait souhaiter obtenir. Quiconque le souhaite n'aura de toute façon pas besoin de passer plus de quelques minutes sur son moteur de recherche favori, pour trouver tous les « how-to »

1. *Marianne*, avril 2013, *marianne.net/Plongee-dans-l-Internet-criminel_a228487.html*, vu le 20/9/2015

et autres « tutoriels » nécessaires à ces accès. Il se veut une introduction technique et opérationnelle, ainsi qu'une explication de ce qu'est le Darknet au sens large, de son fonctionnement, son usage et son contenu. Il s'agit, au-delà de la quête de sensations, de contribuer à démythifier et à mieux faire comprendre ce phénomène, sa réalité et ses implications.

La première partie présentera les « fondations. » On s'attachera d'abord à préciser ce que l'on entend par Darknet. La relative nouveauté du phénomène et l'actuel goût prononcé pour les raccourcis font qu'il est très mal compris et mal défini. Les confusions sont multiples et le grand public a beaucoup de mal à distinguer ce qui relève de l'outil au service de la liberté d'expression, de l'instrument de piratage de contenus protégés ou de la plate-forme de vente en ligne de stupéfiants.

Pour comprendre le Darknet, son origine, mais aussi d'une certaine manière sa philosophie générale, le chapitre suivant sera consacré à la cryptographie et à son usage sur Internet. Elle est le cœur du Darknet. Il est nécessaire d'en saisir les principes généraux si on veut l'appréhender pleinement.

Nous nous attacherons dans la seconde partie aux outils du Darknet, à leur mode de fonctionnement et à leur mise en œuvre. À partir de la notion fondatrice de *mixnet*, on s'intéressera aux grands réseaux comme Tor ou Freenet, mais aussi à des environnements plus confidentiels, mais présentant des innovations prometteuses, comme *GNUnet* ou *Hyperboria*. On s'attardera sur les principaux logiciels et environnements qui permettent de communiquer et d'échanger secrètement, qu'il s'agisse de mails, de messagerie instantanée ou, bien sûr, de partage de fichiers.

L'association de la cryptographie et du développement d'Internet a permis l'émergence d'un outil étonnant, dont le succès a surpris. Il est vrai que l'apparition des *Bitcoins* à la fin de l'année 2008, en pleine crise financière mondiale, a pu séduire ceux qui avaient du mal à faire encore confiance à leur banquier traditionnel. Les Bitcoins sont une unité de compte. Ils sont utilisés en tant qu'instrument financier pour des transactions légales, mais aussi parfois douteuses. Ils ouvrent des possibilités nouvelles aux échanges sur Internet et sont susceptibles de permettre à une multitude de services innovants de trouver leur modèle économique. La *chaîne de blocs* sur laquelle ils reposent est une innovation appelée à se répandre bien au-delà de son domaine d'origine. On leur consacrera le chapitre quatre qui montrera comment les crypto monnaies fonctionnent et comment on les utilise, dans le Darknet comme sur les marchés ouverts.

La troisième et dernière partie présentera enfin les usages du Darknet. Espace secret, dissimulé aux yeux des curieux, quels qu'ils soient, deux grands types de populations y trouvent une place :

- Ceux qui se livrent à des opérations illégales en tout genre et qui cherchent donc à se dissimuler des autorités.
- Les dissidents, les journalistes et autres activistes pour qui il est un outil au service de la liberté d'expression et de la lutte contre l'oppression.

Dans le chapitre cinq, nous présenterons les contenus noirs qui ont été si fortement médiatisés. De la plate-forme de ventes de stupéfiants, aux offres de services de tueurs à gages, en passant par des ressources discutables comme le « *manuel de la CIA des trucs dégueulasses,* » on verra qu'une partie du Darknet est sans conteste condamnable.

Nous verrons enfin que le Darknet est également un outil au service de la dissidence dans les régimes autoritaires et de la liberté d'information partout dans le monde. De WikiLeaks à l'affaire Snowden en passant par les printemps arabes et les « Kits de survie numérique » de Reporters sans Frontière, nous présenterons le rôle que joue le Darknet dans la quête de la transparence et comment il contribue à la liberté d'expression et par là même à la liberté tout court.

Première partie
Fondations

Chapitre 1 Des darknets au Darknet

Qu'est-ce que le Darknet ? La confusion règne dans un espace médiatique où l'on mêle allègrement des réalités aussi différentes que le *deep web*, les échanges pair-à-pair qui effraient tant les maisons de disques, ou encore ce sombre réseau *Tor*, si sulfureux qu'il serait à l'origine de toutes les dérives de l'Internet contemporain.

« [Le darknet est] un ensemble de réseaux et de technologies utilisés pour partager du contenu numérique. Le darknet n'est pas un réseau physiquement distinct, mais bien des protocoles de transmission qui fonctionnent au sein des réseaux existants. » [Biddle *et al.*, 2003].

Il suppose [Mansfield-Devine, 2009] :

— L'usage de l'infrastructure internet.

— L'existence d'un protocole spécifique qui permet la constitution d'un sous-réseau.

— Une architecture décentralisée de type pair-à-pair.

Techniquement, selon ces auteurs, le Darknet est donc un sous-réseau pair-à-pair utilisant des protocoles spécifiques. En ce sens, il n'existe pas un Darknet, mais bien un ensemble de darknets, ou de sous-réseaux, étanches les uns aux autres. Un utilisateur de Freenet ne pourra pas se connecter directement au réseau Tor, de même qu'on ne peut pas utiliser un client BitTorrent pour se connecter à Shareaza.

La relation entre sous-réseaux, protocoles pair-à-pair et Darknet est certaine, mais ils ne sauraient se résumer les uns aux autres. Interpréter le Darknet comme simple réalité technique ne permet pas d'en saisir l'essence. Il est aussi, et peut-être d'abord, un fait social. Certains le réduisent à « la partie du deep web où se déroulent les opérations illégales [1], » mais le Darknet est vaste et divers, on ne peut le circonscrire à un espace plus ou moins caché et dédié aux opérations illicites. Il est bien plus que cela.

Socialement, le Darknet s'incarne dans la quête de l'anonymat et de la confidentialité. C'est elle qui marque sa spécificité, c'est l'usage social d'instruments techniques qui fait particularité.

1. [McCormick, 2013].

Dans le cadre de cet ouvrage, on définira un darknet comme *un sous-réseau d'internet utilisant des protocoles spécifiques et intégrant nativement des fonctions d'anonymisation.* Le Darknet est alors l'écosystème formé par l'ensemble des darknets et des outils associés de préservation de la confidentialité. De même qu'on utilise Internet (avec une majuscule) pour représenter l'ensemble des ressources disponibles sur internet (le réseau), nous utiliserons Darknet pour représenter l'ensemble des darknets et l'écosystème associé. Par opposition, on parlera de *Clearnet* pour qualifier l'Internet classique, ouvert.

Dans ce contexte, Tor ou I2P sont des darknets. Le système d'échange de mails chiffrés GPG fait partie de l'écosystème Darknet, tout comme la messagerie instantanée Cryptocat. En revanche, BitTorrent, Gnutella ou *comment-pirater-son-voisin.com* sont des outils classiques de partage de ressources et d'informations, ce ne sont pas des darknets. Cette approche peut être vue comme restrictive, mais elle veut marquer le haut degré de spécificité des écosystèmes anonymes.

Anonymat, confidentialité et vie privée

L'anonymat consiste à dissimuler son identité. Les actions peuvent être connues, mais on ne souhaite pas qu'il soit possible de les relier à une identité. C'est la situation classique des lanceurs d'alerte, ils ne craignent pas les rétorsions s'ils peuvent rester cachés.

La confidentialité consiste à interdire l'accès à l'information aux tiers, elle est essentiellement basée sur les procédures de chiffrage. On peut avoir des échanges confidentiels sans qu'ils soient anonymes, c'est le cas des communications sensibles en entreprise par exemple.

La préservation de la vie privée signifie simplement que l'on ne souhaite pas que certaines de ses activités soient observées. Les hommes ont toujours cherché à préserver des espaces d'intimité, cela n'a rien à voir avec la légalité de leurs actions. Pour Edward Snowden, « Répondre je n'ai rien à cacher en matière de vie privée revient à affirmer que l'on se fiche de la liberté d'expression parce que l'on n'a rien à dire. » Sans aller aussi loin, la perte progressive de la maîtrise de sa vie privée sur Internet interroge. Lors d'une expérience récente, une sociologue américaine n'a pas eu d'autres choix qu'utiliser Tor pour cacher sa grossesse aux opérateurs publicitaires[a]. Il est important que chacun puisse avoir le choix de ce qu'il partage.

a. *time.com/83200/privacy-internet-big-data-opt-out*, vu le 15/12/2015.

Nous allons d'abord revenir sur la notion de deep web afin de lever ce malentendu si répandu qui le confond avec le Darknet ; confusion qui atteint la caricature avec ces innombrables représentations graphiques qui montrent un Darknet infiniment plus vaste que l'Internet ouvert (figure 1.1 page ci-contre).

Figure 1.1 – Deep web et Darknet, la confusion

Nous verrons ensuite ce que l'on entend par sous-réseau et présenterons quelques-uns des grands systèmes pair-à-pair, afin d'introduire à cette technologie si importante pour le Darknet.

1. Web et deep web

Quand on parle d'Internet, c'est généralement d'abord au World Wide Web que l'on fait référence. À cette immense toile où l'on a pris l'habitude de « surfer » et qui forme le *Web*, où la majuscule symbolise l'unité de cet ensemble que forment les sites web.

Le Web a été conçu comme un outil d'accès à l'information : « Cette proposition concerne la gestion de l'information [...] au CERN. Elle traite des problèmes de perte d'information dans un système évolutif complexe et propose une solution basée sur un système hypertexte distribué. » [Berners-Lee, 1989]. L'hypertexte y représente « des informations lisibles par l'homme et reliées entre elles de manière non contrainte. »

Chacun connaît le succès de la proposition de Tim Berners-Lee. Aujourd'hui, des millions de sites web sont en ligne, reliés entre eux par ces liens hypertextes qui tissent la trame même du Web.

Des outils de recherche spécifiques ont dû être élaborés pour le Web. Le premier, *Archie* est sorti en 1990, mais c'est à partir de 1994 avec *Lycos*, puis 1995 avec *Excite*, *Yahoo!*, *AltaVista* suivis d'innombrables autres, toujours actifs ou déjà oubliés, que l'on est entré dans la phase moderne de la recherche, dont le point culminant reste l'arrivée de *Google* en 1998.

Les moteurs de recherche sont maintenant notre point d'entrée sur le Web. Google est très certainement la page d'accueil la plus courante en Occident. Pourtant, ces moteurs restent limités en ce sens qu'ils n'indexent que ce qui est directement accessible. Dès 1998, les chercheurs ont pointé le fait que les moteurs ne peuvent accéder qu'au « Web indexable » (*indexable Web* [2]).

Bing, Yahoo! ou Google indexent ce qu'ils peuvent atteindre en suivant les liens hypertextes. Leur échappent notamment :

— Les pages générées dynamiquement par l'interrogation d'une base de données à travers un formulaire.

— Les sites auxquels on ne peut accéder qu'après s'être identifié.

— Les pages interdites aux robots de recherche [3].

— Les pages qui n'ont pas de liens hypertextes avec d'autres.

C'est cette partie que ne peuvent indexer les moteurs de recherche, qui constitue le *deep web* (ou *Hidden Web* ou encore *Invisible Web*), par opposition au « Web de surface » (*Surface Web*). Il est très difficile d'en évaluer précisément la taille, mais on l'estimait au début des années 2000 a au moins 400 à 500 fois celle du Web de surface [Bergman, 2001]. En ce sens l'image habituelle qui représente Web et deep web comme un iceberg n'est pas pertinente, la face cachée y est 50 fois plus importante que dans les montagnes de glace !

Le deep web n'est pas le Darknet [Pederson, 2013], il est l'ensemble des informations auxquelles on ne peut accéder directement par indexation. Si vous consultez certaines séries statistiques sur le site de l'INSEE, vous êtes dans le deep web, mais il ne viendrait à l'esprit de personne de considérer que vous êtes sur le Darknet. Le Darknet peut pour partie être considéré comme appartenant au deep web, en ce sens qu'il n'est pas indexé par les grands moteurs de recherche, qu'il leur est même globalement inaccessible, mais il n'en est qu'une infime fraction. Les représentations habituelles illustrent bien les fantasmes qu'il engendre. Les volumes en jeu dans les bases de données du deep web sont gigantesques (on parle là de millier de téraoctets) et sans rapport aucun avec ce que peuvent générer les activités anonymes, légales ou non, même florissantes (figure 1.2 page 16).

Au-delà de la dimension technique, il y a une différence qualitative fondamentale entre le deep web et le Darknet. Les données auxquelles on peut accéder à travers les protocoles standards, mais qui sont inaccessibles aux robots du fait de diverses contraintes techniques, ne relèvent pas de la même logique que celles qui reposent volontairement sur l'usage de protocoles spécifiques, anonymisant, non connus des robots habituels.

2. [Lawrence et Lee Giles, 1998].

3. Il existe une norme qui permet entre autres de dire aux robots de ne pas indexer certaines pages.

PageRank

Recenser et indexer n'est pas suffisant pour faire un bon moteur de recherche et d'énormes efforts sont consacrés au développement d'algorithmes de classement efficaces, c'est-à-dire aptes à mettre en évidence les sites correspondant au mieux à la recherche en cours. Google doit son succès initial au fameux *PageRank*.

Sergei Brin et Larry Page ont proposé leur célèbre algorithme lors d'une conférence en Australie en 1998 [Brin et Page, 1998]. L'objectif déclaré était « d'améliorer la qualité des recherches. » Pour eux, l'indexation seule n'est pas suffisante, les résultats pertinents étant souvent noyés sous une avalanche de résultats sans valeur (*Junk results*). Pour preuve, en 1997, un seul des quatre grands moteurs commerciaux retournait son adresse dans les 10 premières réponses à une recherche sur son propre nom !

Pour améliorer le classement des résultats, S. Brin et L. Page ont décidé « d'utiliser la structure des liens au sein du Web, » le principe étant que plus un site est cité, plus il doit être pertinent. Ils se sont inspirés ici de la pratique habituelle des milieux académiques, où le nombre de citations d'un article est considéré comme un bon indicateur de sa qualité.

Le *PageRank* d'une page est fonction du nombre et du PageRank des pages qui y font référence. Il correspond à la probabilité qu'un *surfeur aléatoire* suivant au hasard les liens qui lui sont proposés soit sur la page en question à l'instant t.

L'exemple ci-dessous (table 1.1)[a] compare les résultats obtenus pour le mot clé *University* sur AltaVista et sur l'une des premières versions de travail de Google. Dans un cas, les réponses apparaissent plus ou moins au hasard alors que dans l'autre la cohérence est évidente.

Le succès de Google a d'abord été celui de *PageRank*. C'est bien la qualité des résultats obtenus qui a fait la différence avec les autres moteurs de recherche.

Google	Altavista
1- Stanford University Homepage	1- Optical Physics at the University of Oregon
2- University of Illinois at Urbana-Champaign	2- Carnegie Mellon University - Campus Networking
3- Indiana University	3- Wesleyan University Computer Science Group Home Page
4- University of California, Irvine	4- Keio University Shonan Fujisawa Campus (SFC)
5- University of Minnesota	5- School of Chemistry, University of Sydney
6- Iowa State University Homepage	6- Mankato State University
7- The University of Michigan	7- St. Ambrose University
8- Mississippi State University	8- University of Washington ECSEL Projects

TABLE 1.1 – L'efficacité de *PageRank*

a. D'après [Page *et al.*, 1998].

Figure 1.2 – Web, deep web et Darknet

2. Internet et réseaux pair-à-pair

Les darknets sont des sous-réseaux d'internet. En informatique, un réseau est un ensemble d'équipements interconnectés. Ces connexions peuvent être aussi bien physiques (les câbles réseaux) que radio (le Wi-Fi, le Bluetooth, etc.), voire utiliser la lumière (le *Li-Fi*). Ces équipements sont reliés entre eux selon certaines topologies (figure 1.3). Les réseaux physiques sont la base matérielle des réseaux logiques. Les logiciels réseau permettent de regrouper telle ou telle partie d'un réseau physique en un sous-ensemble logique : un sous-réseau.

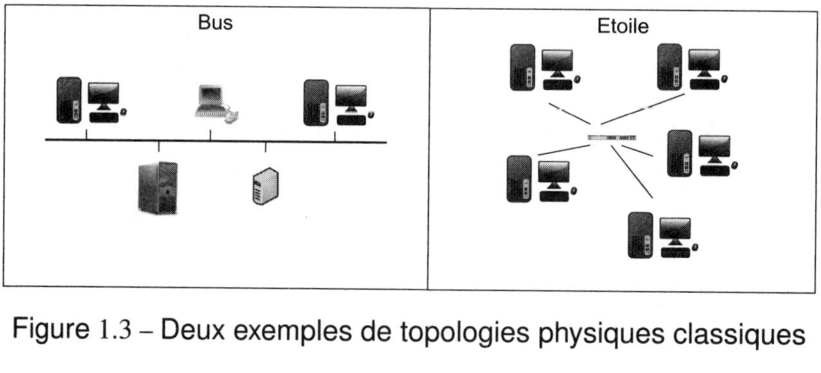

Figure 1.3 – Deux exemples de topologies physiques classiques

Internet est un réseau particulier. On le décrit habituellement comme étant le « réseau des réseaux, » c'est-à-dire qu'il connecte entre eux différents réseaux de topologies diverses. La structure générale d'internet est très complexe et elle n'est que partiellement comprise. Au plus haut niveau, il est un rassemblement de « réseaux autonomes » (*Autonomous System ou* AS) qui sont de grandes entités comme des universités, des structures publiques ou bien sûr des fournisseurs d'accès à internet (FAI). En avril 2015, il y avait environ 50.000 AS formant plus de 550.000 routes. Chacun de ces réseaux autonomes gère des milliers de *nœuds* qui sont autant de composants d'internet. La structure générale n'est pas homogène et certains nœuds concentrent la majorité des connexions. On a pu ainsi qualifier la topologie d'internet de « nœud papillon » [Broder *et al.*, 2000] où un centre est nécessaire pour assurer les connexions globales. Autre illustration, on l'a qualifié de *réseau méduse* [Siganos *et al.*, 2006]. Autour d'un cœur, différentes couches se succèdent, marquées par une connectivité décroissante. Dans cette représentation (figure 1.4), on voit ce que les auteurs ont considéré comme les différentes couches d'internet. Le cœur est le lieu de plus forte densité des relations, la longueur des « tentacules » représente la concentration des liens directs entre membres (les voisinages de degré 1). L'immense majorité des nœuds (80 à 90 %) se trouve sur les trois premières couches.

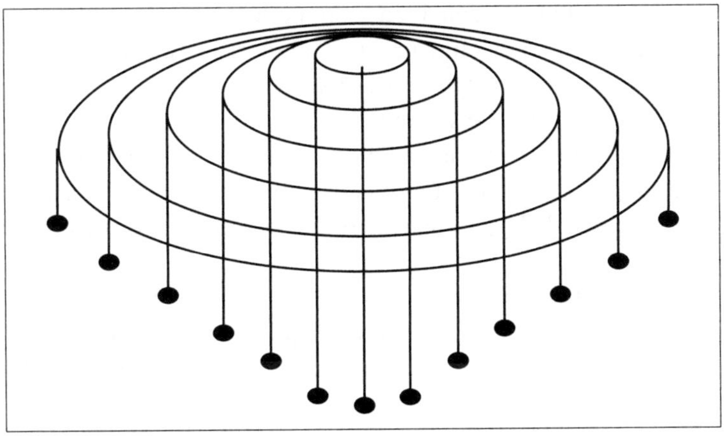

Figure 1.4 – Topologie en méduse

La topologie générale d'internet est atypique et évolutive, elle ne peut se résumer aux grandes classes habituelles, mais le point important pour nous et qu'il est théoriquement toujours possible de construire un chemin entre deux équipements connectés quelconques.

Pour communiquer, les différents matériels reliés au réseau utilisent des *protocoles*, des sortes de langues communes qui permettent aux équipements de se comprendre. Un protocole définit notamment le format des données et les méthodes de mise en relation et d'association des éléments qui souhaitent échanger. Le plus courant est le protocole IP qui est au cœur d'internet. On lui associe généralement TCP qui le complète en garantissant notamment la correction des échanges. On parle alors de TCP/IP.

Quand on va sur Internet, outre TCP/IP, mais à un niveau différent, on utilise des protocoles célèbres comme HTTP pour naviguer sur le Web, FTP pour échanger des fichiers ou encore SMTP pour envoyer des mails, mais aussi bien d'autres moins connus, mais tout aussi essentiels.

HTTP est un protocole dit *client-serveur*, c'est-à-dire qu'il relie un client (vous) et un serveur (celui qui héberge votre quotidien préféré). Dans une architecture client-serveur, le client interroge un ordinateur central qui renvoie l'information demandée. Des centaines, voire des milliers de clients peuvent être connectés simultanément au même serveur ou au même groupe de serveurs.

Internet supporte également des protocoles dits « pair-à-pair » (le P2P) où chaque client peut aussi faire office de serveur. Au lieu de l'architecture centralisée où tout est relié à un point unique, qui caractérise le modèle client-serveur, on a une architecture décentralisée où chacun est relié aux autres et où chacun contribue à la diffusion des flux de données. Cette technologie n'est pas nouvelle, puisqu'on la retrouve dans les premières connexions ARPANET.

Napster, sortie en 1999, est considéré comme le premier grand système pair-à-pair. Dédié à l'échange de fichiers musicaux (il n'autorisait que le partage des fichiers audio *mp3*), il appartenait à la catégorie des systèmes pair-à-pair *centralisés*. Le principe est le suivant (figure 1.5 page suivante) :

— Le réseau est formé par l'ensemble des utilisateurs (les clients ou les nœuds) et par un serveur central (en fait un ensemble de *serveurs index*) qui contient la liste des fichiers hébergés dans le réseau et l'adresse des clients correspondants.
— L'utilisateur qui recherche un fichier donné interroge le serveur central.
— Le serveur lui renvoie la liste des nœuds qui héberge ce fichier.
— L'utilisateur se connecte à l'un des nœuds disponibles et y télécharge directement le fichier.

Dans ce système, on a à la fois une architecture centralisée —tout le monde est relié à un serveur central— et une architecture pair-à-pair où chacun peut jouer le rôle de serveur.

Cette architecture centralisée a permis aux autorités de fermer rapidement Napster. Il a suffi de stopper les serveurs index pour bloquer l'ensemble du réseau. Les réseaux décentralisés non structurés, comme *Gnutella* sur lequel sont basés des clients aussi fameux que *Limewire* ou *Shareaza*, se sont développés en réaction à cette faiblesse.

Gnutella[4] a beaucoup évolué au cours de son histoire. La version initiale est sortie en 2000 et fonctionne selon le principe suivant (figure 1.6 page ci-contre) :

— Quand on lance une recherche, le logiciel se connecte aux clients voisins.
— Les voisins relaient la demande à leurs propres voisins (processus dit d'*inondation*) .
— De proche en proche, on identifie un nœud qui héberge le fichier recherché.

4. Contrairement aux apparences, Gnutella n'appartient pas au projet GNU ; ce dernier lui a d'ailleurs demandé de changer de nom.

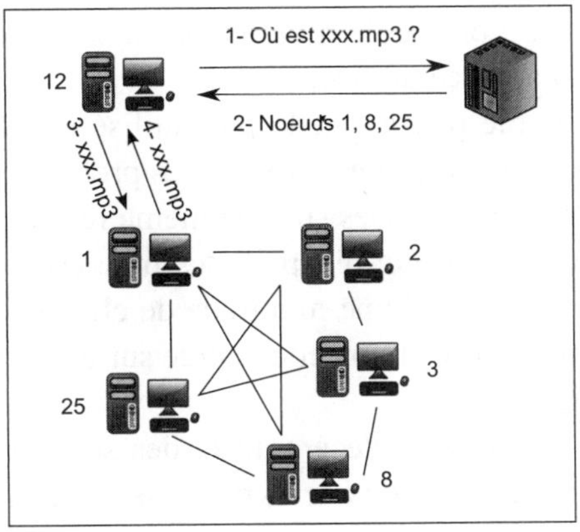

Figure 1.5 – Fonctionnement de Napster

— L'adresse du nœud est remontée à l'émetteur de la demande.
— Ce dernier se connecte au nœud qui héberge le fichier et le télécharge.

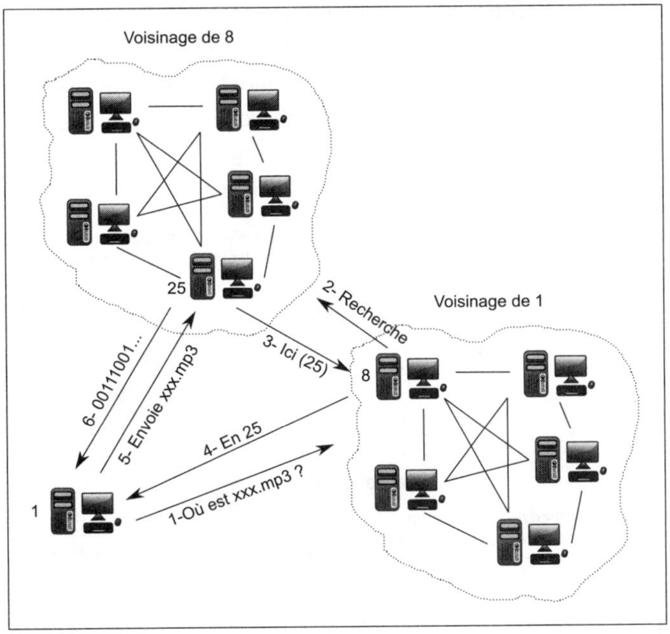

Figure 1.6 – Fonctionnement de Gnutella

Il s'agit bien d'un réseau décentralisé et non structuré. Les nœuds sont de même valeur et jouent aussi bien le rôle de serveur que celui de client. Au cours de son histoire, Gnutella a évolué vers des formes moins décentralisées, du fait notamment du coût du processus d'inondation qui est peu efficace, utilise une large bande passante et reste relativement lent. Ce protocole n'en est pas moins une belle démonstration de ce que peut être un réseau décentralisé.

De nos jours, le protocole pair-à-pair le plus utilisé est *BitTorrent* proposé par Bram Cohen en 2002. Ce protocole veut résoudre les problèmes de saturation qu'engendrent les demandes trop nombreuses sur une même ressource, en répartissant les données sur de nombreux nœuds. On récupère des fractions de fichiers (des *blocs*), dans un ordre quelconque, auprès d'une multitude de clients. La charge de la bande passante étant amplement répartie et non concentrée sur un serveur unique, on limite les problèmes de saturation.

BitTorrent n'est pas un système décentralisé, des serveurs spécifiques, les *trackers*, sont chargés de gérer les listes de clients qui possèdent au moins une partie d'un fichier donné. Quand on recherche un torrent, c'est à un tracker que l'on s'adresse. Le fonctionnement est le suivant (figure 1.7) :

— Pour mettre une ressource à disposition du réseau, on crée un fichier spécifique : le *torrent* que l'on soumet à un tracker.
— Le tracker décide de la répartition du fichier à travers un ensemble de pairs (les *seeders*).
— Pour charger un fichier, on se connecte au site web du tracker qui recense les torrents et l'on charge celui du fichier recherché.
— Grâce au fichier torrent, le client se connecte à un ensemble de pairs et y charge les différents blocs du fichier recherché.

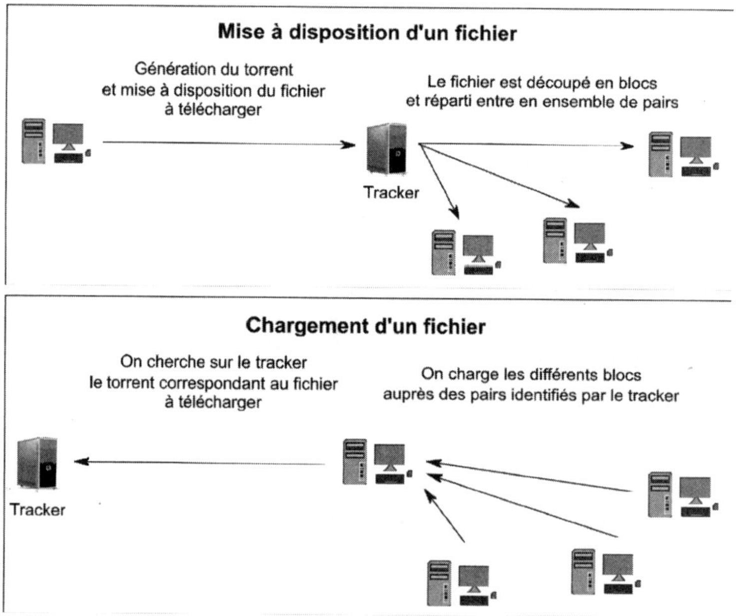

Figure 1.7 – Fonctionnement de BitTorrent

Aux fichiers torrents classiques se substituent progressivement des *magnets*. Le système de magnets utilise une table de hachage distribuée [5] et permet de retrouver directement les pairs sans passer par un tracker.

BitTorrent connaît un succès exceptionnel. Aujourd'hui, certaines box internet, mais aussi de nombreux NAS intègrent nativement un client BitTorrent. On les transforme alors en *Seedbox*, c'est-à-dire en des serveurs dédiés à BitTorrent. Conçu pour partager de gros fichiers, ce protocole est massivement utilisé pour échanger des fichiers audio et vidéo en violation du droit d'auteur. Les grands trackers comme *The Pirate Bay* sont régulièrement poursuivis. À l'heure où ces lignes sont écrites (avril 2015), une ordonnance d'interdiction de *T411* vient d'être adoptée. Les méthodes de blocage utilisées en France sont généralement d'une grande inefficacité, car simplement basées sur l'interdiction faite aux FAI de connecter leurs clients à ces sites [6]. Les méthodes de contournement sont élémentaires et, de manière générale, les sites sont très rapidement à nouveau opérationnels [7].

En dépit d'un usage souvent illégal, il est relativement facile d'identifier les utilisateurs de BitTorrent. Cherchant à distinguer aussi bien les gros fournisseurs de contenus que les gros téléchargeurs, des chercheurs de l'INRIA sont parvenus à obtenir en 103 jours, 148 millions d'adresses IP téléchargeant 2 milliards de copies [Le Blond *et al.*, 2010]. L'adresse IP des clients circule en effet lors des échanges. En ce sens, et contrairement à une idée reçue, les nombreux utilisateurs qui cherchent à cacher leurs actions en utilisant BitTorrent à travers Tor se fourvoient [8]. Si votre IP fait partie des données échangées, passer par un système complexe et chiffré ne sert à rien !

Les darknets s'appuient sur les mêmes principes que les grands réseaux d'échanges pair-à-pair qui intéressent tant Hadopi. Techniquement, ils se sont développés conjointement et ils se sont inspirés et renforcés mutuellement tout au long de leur histoire. Mais ces réseaux ne sont pas anonymes par construction, ce ne sont pas des darknets.

Le Darknet ne se confond ni avec les réseaux pair-à-pair, ni avec le deep web. La figure ci-dessous (figure 1.8 page suivante) montre quelques-uns des outils que nous rencontrerons plus loin et qui se situent à l'intersection de ces différents espaces.

Darknet, deep web et réseaux pair-à-pair sont des cousins proches, mais seulement des cousins, ils ne se réduisent pas les uns aux autres.

5. Voir glossaire.

6. Plus précisément, il s'agit de les détourner de leurs serveurs DNS.

7. L'exemple de *T411* est plus marquant encore. Les administrateurs ont changé de domaine avant le jugement, passant de *t411.me* à *t411.io*. Celui-ci portant sur l'ancien domaine, le site n'a pas été bloqué une seconde.

8. Et surtout, compte tenu des volumes concernés, ils saturent inutilement le réseau.

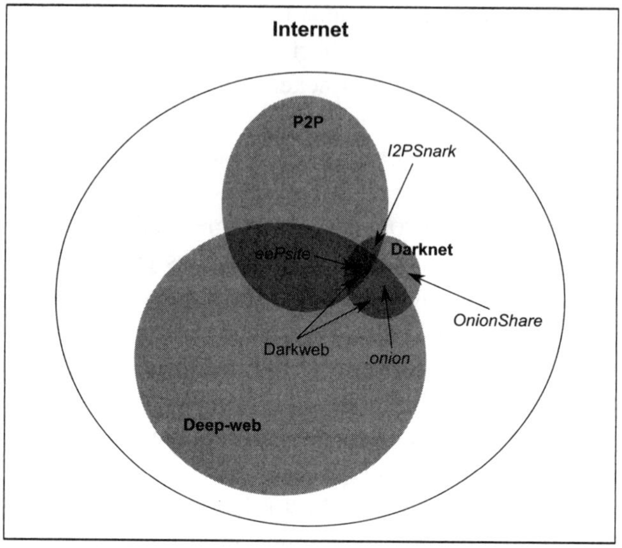

Figure 1.8 – Darknet et Internet

3. Des darknets au Darknet

L'émergence et la diffusion des darknets se confondent avec l'histoire d'internet. On peut en souligner quelques grandes étapes :

- **1969** : création d'ARPANET. En quelques années, de nombreux réseaux isolés au sein d'ARPANET ont fait leur apparition. Ce sont les premiers darknets.
- **1976** : W. Diffie et M. Hellman proposent le concept de chiffrage asymétrique à clé publique [Diffie et Hellman, 1976a], qui sera mis en œuvre l'année suivante avec RSA.
- **1981** : D. Chaum [Chaum, 1981] conçoit les *mixnets* et montre comment on peut échanger tout en préservant l'anonymat des interlocuteurs. Un mixnet associe l'utilisation de relais et le chiffrage en couches pour dissimuler l'origine des communications et le contenu des échanges.
- **1991** : Phil Zimmermann sort la première version de PGP.
- **1999** : Développement des premiers réseaux pair-à-pair avec Napster.
- **1999** : Ian Clarke conçoit Freenet dans le cadre de son cursus informatique à l'Université d'Édimbourg.
- **2000** : Création de *Sealand*, un État indépendant, sur une ancienne plateforme militaire anglaise, pour en faire un « havre de données » (*data havens*), l'équivalent pour les données des paradis fiscaux pour les impôts. Il s'agit d'utiliser les législations locales pour cacher des informations. Comme en témoigne A. Norman [Norman, 1978], le gouvernement britannique s'est inquiété très tôt de la possible émergence de ces data havens.

— **2002** : La Navy américaine sort la première version de Tor.
— **2003** : Sortie d'I2P.
— **2006** : Création de WikiLeaks.
— **2009** : Satoshi Nakamoto crée les *Bitcoins*, une crypto monnaie hors de contrôle des États, très rapidement utilisée pour les transactions illégales sur le Darknet.

À partir de là, tout est en place pour que le Darknet se développe et devienne le phénomène mondial que l'on connaît aujourd'hui et qui va conduire à Silk Road, mais aussi au soutien aux révolutions arabes, au *Cablegate* ou aux révélations Snowden.

Chapitre 2 Cryptographie

Le 16 janvier 1917, Arthur Zimmermann, ministre allemand des Affaires étrangères, envoyait à son ambassadeur au Mexique un message qui commençait ainsi : `130 13042 13401 8501`. Il disait en substance : « Nous allons entrer dans une guerre sous-marine à outrance et voulons que les États-Unis restent neutres. Si nous n'y arrivons pas, nous proposerons notre aide au Mexique pour qu'il puisse reconquérir les territoires qu'il conteste aux Américains. Vous informerez le président du Mexique aussitôt que vous serez certain de l'entrée en guerre des États-Unis. [...] » Intercepté par les Anglais et déchiffré, le message fut transmis aux autorités américaines et largement publicisé. L'opinion publique américaine, jusqu'alors isolationniste, évolua rapidement et le Congrès vota l'entrée en guerre en avril 1917. Dans un raccourci, la faiblesse d'un système de cryptographie changea le cours de la Grande Guerre. On pourrait multiplier les exemples à l'envi, toute l'histoire militaire est intimement liée à la cryptographie sous toutes ses formes.

La cryptographie peut être définie comme l'étude des procédés de représentation des messages, de manière à ce qu'ils ne soient compréhensibles que par le ou les destinataires. Son usage est essentiel à la préservation du secret des communications sur Internet où elle est omniprésente. Pensez au célèbre cadenas qui s'affiche dans votre navigateur quand vous vous connectez au serveur de votre banque. Il est là pour confirmer que vos échanges sont chiffrés et, en conséquence, que même si un indélicat cherche à espionner vos communications, il ne peut lire votre mot de passe ou le détail de vos opérations bancaires. Les outils modernes de cryptographie que l'on utilise quotidiennement, souvent sans même en avoir conscience, sont basés sur des principes anciens, voire très anciens pour certains d'entre eux.

1. Une histoire ancienne

Les méthodes de chiffrage sont extrêmement diverses et anciennes. Dans *Vie des douze Césars* Suétone écrivait : « On possède enfin de César des lettres à Cicéron, et sa correspondance avec ses amis sur ses affaires domestiques. Il y employait, pour les choses tout à fait secrètes, une espèce de chiffre qui en rendait le sens inintelligible (les lettres étant disposées de manière à ne pouvoir jamais former un mot), et qui consistait à changer le rang des lettres dans l'alphabet, en écrivant la quatrième pour la première, c'est-à-dire le d pour le a, et ainsi de suite [1]. » On trouve dans l'histoire des cas plus anciens encore, qui montrent que le besoin de communiquer secrètement est consubstantiel aux sociétés structurées.

La *Scytale* (ou *bâton de Plutarque*) est le premier exemple militaire connu. On écrivait le message sur un ruban en espaçant les lettres de telle manière qu'une fois le ruban enroulé autour du bâton, celles qui contiennent le message y apparaissent consécutives. Il suffit alors de connaître le diamètre du bâton pour accéder au message chiffré.

La Scytale utilise une méthode dite de *transposition*, c'est-à-dire un système où la place des lettres est modifiée selon des règles précises (figure 2.1).

Figure 2.1 – Scytale (image Wikimedia Commons)

Le chiffre de César quant à lui utilise une méthode dite de *substitution* : à une lettre donnée correspond une autre lettre. Le décalage de trois est ainsi extrêmement simple. À chaque lettre, on substitue celle qui est placée trois rangs plus loin dans l'alphabet (figure 2.2). On revient à la lettre a quand on arrive à la fin de l'alphabet. Cette méthode est toujours utilisée de nos jours avec le fameux « ROT 13 » qui code les messages sur Usenet avec un décalage de 13.

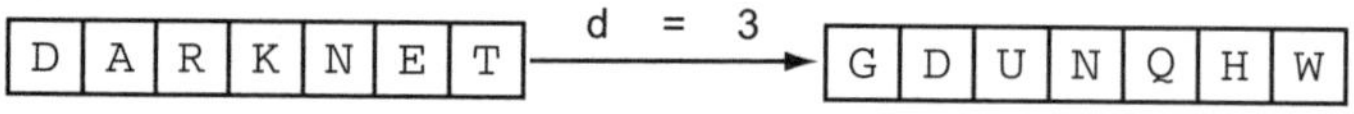

Figure 2.2 – Chiffre de César

Au premier abord, le chiffre de César semble sûr. Il existe environ 4.10^{26} possibilités de substitution avec un alphabet simple. Difficile donc *a priori* de trouver la bonne. Mais s'il a paru suffisant à César, ce chiffre peut aisément être décodé. Dès le XIVe siècle, des savants arabes ont développé des méthodes de cryptanalyse [Kahn, 1997]. À l'origine de leur démarche se trouve probablement l'étude lexicographique du Coran qui, à travers le décompte des mots, cherchait à préciser la chro-

1. *remacle.org/bloodwolf/historiens/suetone/cesar.htm*, vu 10/3/2015.

Stéganographie

La stéganographie est l'art de cacher un message. À la différence de la cryptographie qui transforme un message en clair en un message non compréhensible, la stéganographie cache l'existence même du message. On la retrouve jusque chez Hérodote au Ve siècle avant J.-C. où l'histoire rapporte que l'on dissimula un message sur le crâne rasé d'un esclave qu'on envoya au destinataire après que ses cheveux aient repoussé. Il suffit de le raser pour accéder à la missive.

Exemple savoureux, les lettres échangées entre Georges Sand et Alfred de Musset. Même si la suivante est considérée comme un canular n'émanant pas de la fameuse écrivaine, elle illustre parfaitement ce qu'est la stéganographie.

Cher ami,
Je suis tout émue de vous dire que j'ai
bien compris l'autre jour que vous aviez
toujours une envie folle de me faire
danser. Je garde le souvenir de votre
baiser et je voudrais bien que ce soit
une preuve que je puisse être aimée
par vous. Je suis prête à montrer mon
affection toute désintéressée et sans cal-
cul, et si vous voulez me voir ainsi
vous dévoiler, sans artifice, mon âme
toute nue, daignez me faire visite,
nous causerons et en amis franchement
je vous prouverai que je suis la femme
sincère, capable de vous offrir l'affection
la plus profonde, comme la plus étroite
amitié, en un mot : la meilleure épouse
dont vous puissiez rêver. Puisque votre
âme est libre, pensez que l'abandon où je
vis est bien long, bien dur et souvent bien
insupportable. Mon chagrin est trop
gros. Accourez bien vite et venez me le
faire oublier. À vous je veux me sou-
mettre entièrement.
Votre poupée

Je vous laisse en découvrir la clé en vous assurant qu'elle est très simple[a] et que l'effort en vaut la peine !

Aujourd'hui, de nombreux outils permettent la stéganographie. On trouve facilement des logiciels qui, par exemple, permettent de coder un message en altérant imperceptiblement les couleurs d'une image. Là où l'œil ne distingue rien, le logiciel peut aisément retrouver l'information recherchée. C'est même possible sur Android avec *Pixelknot*, une application proposée par *The Guardian Project* (voir section 5.6 page 81).

a. Il faut lire une ligne sur deux.

nologie des chapitres. Ces études ont mis en évidence le fait que certaines lettres sont plus utilisées que d'autres et, de manière générale, que dans un texte suffisamment long la fréquence des lettres est constante (par exemple en français environ 15 % pour le `e`, 8 % pour le `s`, etc.). Plus encore, certaines associations sont courantes (`es`, `de`, `le` par exemple) ou au contraire très rares. Dans ce contexte, la lettre qui apparaît le plus souvent dans un texte français chiffré est très probablement un `e` et il suffit d'étendre ce raisonnement pour décoder aisément tout chiffrage de ce type. On parle ici de chiffrage *monoalphabétique*, c'est-à-dire que l'on utilise un alphabet de substitution unique et qu'à chaque lettre en correspond une seule autre.

Pour pallier cette faiblesse, on a conçu des systèmes *polyalphabétiques* où l'on utilise plusieurs alphabets de substitution. Le `a` pourra être représenté par un `d` la première fois, puis par un `h` la seconde, etc. Ce type de méthode s'est développée en Italie dès le XVe siècle. On doit la plus célèbre à Blaise de Vigenère, un diplomate français qui l'a proposée au milieu du XVIe siècle (figure 2.3 page ci-contre). Dans sa version moderne, l'usage est simple. On choisit d'abord une clé, par exemple BLE. Le message à chiffrer est DARKNET. On prend la première lettre du message (D) dans la ligne supérieure et l'on sélectionne la colonne correspondante. On prend ensuite la première lettre de la clé (B) et l'on sélectionne la ligne correspondante. À l'intersection de cette ligne et de cette colonne, on trouve la lettre E. Ce sera la première lettre du message chiffré. On poursuit : colonne A ligne L qui donne L, puis colonne R ligne E qui donne V, puis colonne K ligne B qui donne L, etc. On obtient au final le message chiffré : ELVLYIU (figure 2.4 page suivante).

Pour déchiffrer, il suffit de faire l'opération inverse. On prend la ligne de la première lettre de la clé (B), puis on cherche dans cette ligne la lettre du message chiffré (E). La lettre en clair (D) se trouve dans la colonne correspondante. La méthode de Vigenère a résisté jusqu'au XIXe siècle quand Charles Babbage, puis Friedrich Kasiski montrèrent comment trouver la longueur de la clé. Les lettres qui se trouvent à une longueur de clé de distance étant chiffrées selon le même alphabet (dans notre exemple le D, le K et le T sont tous trois chiffrés à partir de l'alphabet de la lettre B), on se retrouve avec une substitution simple.

Les systèmes polyalphabétiques ont été relativement peu utilisés dans l'histoire malgré leur puissance. Ils sont extrêmement lourds à mettre en œuvre et nécessitent une rigueur à toute épreuve, la moindre erreur se répercutant sur l'ensemble de la suite. La mécanisation a permis de lever ces limites. En confiant le travail du chiffrage / déchiffrage à un automate, on a donné aux systèmes polyalphabétiques la souplesse nécessaire à une utilisation courante. Le plus célèbre de ces automates est bien sûr l'*Enigma* utilisée par l'armée allemande durant la Seconde Guerre mondiale.

Le principe en est relativement simple, les alphabets de substitution sont codés dans le câblage de différents rotors qui contiennent les 26 lettres de l'alphabet. Les rotors sont reliés électriquement (les 26 sorties du premier rotor sont reliées aux 26 entrées du second, etc.) et mécaniquement (quand le premier rotor fait un tour, le

Données en clair

Clé	A	B	C	D	E	F	G	H	I	J	K	L	M	N	O	P	Q	R	S	T	U	V	W	X	Y	Z
A	A	B	C	D	E	F	G	H	I	J	K	L	M	N	O	P	Q	R	S	T	U	V	W	X	Y	Z
B	B	C	D	E	F	G	H	I	J	K	L	M	N	O	P	Q	R	S	T	U	V	W	X	Y	Z	A
C	C	D	E	F	G	H	I	J	K	L	M	N	O	P	Q	R	S	T	U	V	W	X	Y	Z	A	B
D	D	E	F	G	H	I	J	K	L	M	N	O	P	Q	R	S	T	U	V	W	X	Y	Z	A	B	C
E	E	F	G	H	I	J	K	L	M	N	O	P	Q	R	S	T	U	V	W	X	Y	Z	A	B	C	D
F	F	G	H	I	J	K	L	M	N	O	P	Q	R	S	T	U	V	W	X	Y	Z	A	B	C	D	E
G	G	H	I	J	K	L	M	N	O	P	Q	R	S	T	U	V	W	X	Y	Z	A	B	C	D	E	F
H	H	I	J	K	L	M	N	O	P	Q	R	S	T	U	V	W	X	Y	Z	A	B	C	D	E	F	G
I	I	J	K	L	M	N	O	P	Q	R	S	T	U	V	W	X	Y	Z	A	B	C	D	E	F	G	H
K	K	L	M	N	O	P	Q	R	S	T	U	V	W	X	Y	Z	A	B	C	D	E	F	G	H	I	J
L	L	M	N	O	P	Q	R	S	T	U	V	W	X	Y	Z	A	B	C	D	E	F	G	H	I	J	K
M	M	N	O	P	Q	R	S	T	U	V	W	X	Y	Z	A	B	C	D	E	F	G	H	I	J	K	L
N	N	O	P	Q	R	S	T	U	V	W	X	Y	Z	A	B	C	D	E	F	G	H	I	J	K	L	M
O	O	P	Q	R	S	T	U	V	W	X	Y	Z	A	B	C	D	E	F	G	H	I	J	K	L	M	N
P	P	Q	R	S	T	U	V	W	X	Y	Z	A	B	C	D	E	F	G	H	I	J	K	L	M	N	O
Q	Q	R	S	T	U	V	W	X	Y	Z	A	B	C	D	E	F	G	H	I	J	K	L	M	N	O	P
R	R	S	T	U	V	W	X	Y	Z	A	B	C	D	E	F	G	H	I	J	K	L	M	N	O	P	Q
S	S	T	U	V	W	X	Y	Z	A	B	C	D	E	F	G	H	I	J	K	L	M	N	O	P	Q	R
T	T	U	V	W	X	Y	Z	A	B	C	D	E	F	G	H	I	J	K	L	M	N	O	P	Q	R	S
U	U	V	W	X	Y	Z	A	B	C	D	E	F	G	H	I	J	K	L	M	N	O	P	Q	R	S	T
V	V	W	X	Y	Z	A	B	C	D	E	F	G	H	I	J	K	L	M	N	O	P	Q	R	S	T	U
W	W	X	Y	Z	A	B	C	D	E	F	G	H	I	J	K	L	M	N	O	P	Q	R	S	T	U	V
X	X	Y	Z	A	B	C	D	E	F	G	H	I	J	K	L	M	N	O	P	Q	R	S	T	U	V	W
Y	Y	Z	A	B	C	D	E	F	G	H	I	J	K	L	M	N	O	P	Q	R	S	T	U	V	W	X
Z	Z	A	B	C	D	E	F	G	H	I	J	K	L	M	N	O	P	Q	R	S	T	U	V	W	X	Y

Figure 2.3 – Table de Vigenère

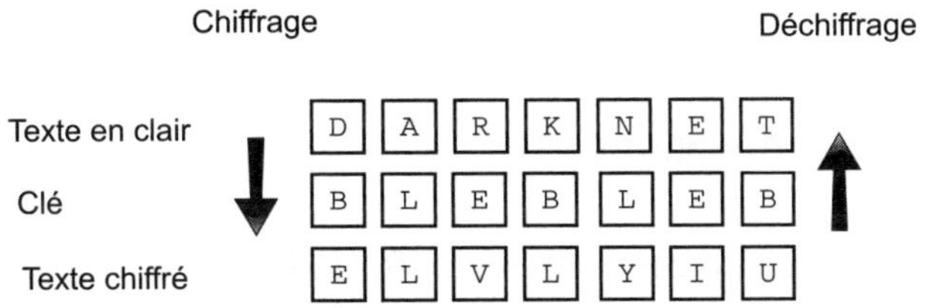

Figure 2.4 – Chiffre de Vigenère

second avance d'un cran). Le code, représenté par la position initiale des rotors, est changé au moins quotidiennement. Dans l'exemple suivant (figure 2.5 page suivante), l'appui sur la touche `A` allume la lettre `B`, puis le rotor tourne d'un cran et un nouvel appui sur la touche `A` allume maintenant la lettre `H`. Le système étant symétrique, il suffit, une fois le code configuré, de taper le message chiffré pour faire apparaître le message en clair.

En dépit de sa sophistication, l'Enigma a été cassée. D'abord en Pologne par Marian Rejewski au début des années 1930, puis, alors qu'elle avait été grandement renforcée, par l'équipe anglaise de Bleytchley Park sous la direction d'Alan Turing. L'Enigma a été cassée grâce à la puissance intellectuelle de Rejewski, de Turing et des membres de l'équipe de Bleytchley Park, mais aussi, et c'est essentiel, grâce à

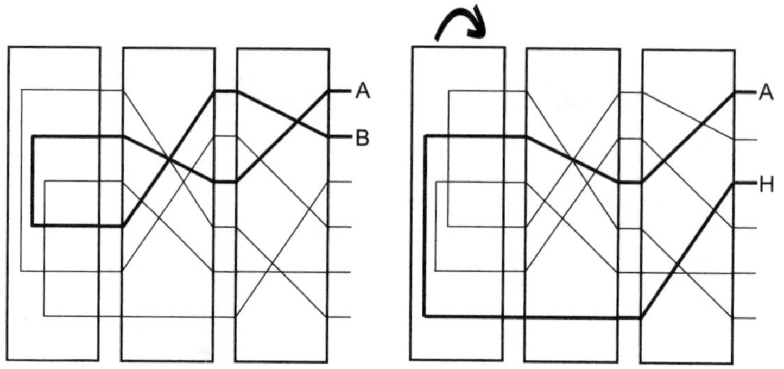

Figure 2.5 – Cablage d'Enigma

des failles dans son usage. Certains messages, par exemple météo, avaient toujours la même structure, ce qui facilite naturellement la découverte de la clé du jour. Des erreurs de manipulation ont également pu se produire, comme l'envoi du même message avec des clés différentes. Malgré le haut niveau de sécurité qui encadrait l'usage de l'Enigma, la lourdeur de la mise en œuvre du processus de chiffrage en a limité l'efficacité. Deux enseignements doivent en être tirés :

— Aucun système n'est inviolable dans les faits.

— La facilité d'usage est partie intrinsèque de l'efficacité de l'outil. C'est aussi cette constatation qui est à l'origine des méthodes modernes utilisées sur Internet.

2. La cryptographie moderne

À la fin du XIXe siècle, Auguste Kerckhoffs, un linguiste et cryptographe d'origine hollandaise, a posé les six principes qui doivent présider à tout système de chiffrage militaire [Kerckhoffs, 1883a] :

1. Le système doit être matériellement, sinon mathématiquement indéchiffrable.
2. Il faut qu'il n'exige pas le secret et qu'il puisse sans inconvénient tomber entre les mains de l'ennemi.
3. La clé doit pouvoir en être communiquée et retenue sans le secours de notes écrites et être changée ou modifiée au gré des correspondants.
4. Il faut qu'il soit applicable à la correspondance télégraphique.
5. Il faut qu'il soit portatif et que son maniement ou son fonctionnement n'exige pas le concours de plusieurs personnes.
6. Enfin, il est nécessaire, vu les circonstances qui en commandent l'application, que le système soit d'un usage facile, ne demandant ni tension d'esprit, ni la connaissance d'une longue série de règles à observer.

Le système de Vernam

Si aucun système n'est inviolable dans les faits, il en existe un qui l'est en théorie : le *masque jetable* proposé par Gilbert Vernam en 1917. Le principe en est élémentaire.

- On construit une clé aléatoire de même longueur que le message.
- On choisit ce que l'on appelle une « loi de groupe. » Le point important ici est qu'il n'existe qu'un seul élément k tel que $a \oplus k = b$.
- On chiffre le message en appliquant la loi à la clé.
- On le déchiffre en appliquant au message codé la loi symétrique.

On utilise classiquement la loi logique XOR (ou exclusif) qui donne vrai quand une et une seule des deux propositions est vraie. Elle présente l'avantage d'être sa propre symétrique : $a \oplus b \oplus b = a$. Ce qui va faciliter le décodage (figure 2.6).

Un tel codage, qui est en fait une variation sur le système de Vigenère, ne permet aucune corrélation si la clé est de même longueur que le message. Exprimé autrement, la connaissance du message chiffré n'apporte aucun gain d'information sur le message en clair. Si la clé est réellement aléatoire, qu'elle a la même longueur que le texte et qu'elle n'est utilisée qu'une seule fois, le système est inviolable en théorie. Preuve de sa puissance, il a servi pour le téléphone rouge. Malgré cette inviolabilité théorique, il est resté très peu utilisé parce qu'extrêmement lourd. Générer, communiquer et utiliser une telle clé secrète nécessite des moyens qui ne sont à la disposition que de très grosses organisations. Tout le monde ne peut pas transmettre ses clés privées à travers la valise diplomatique.

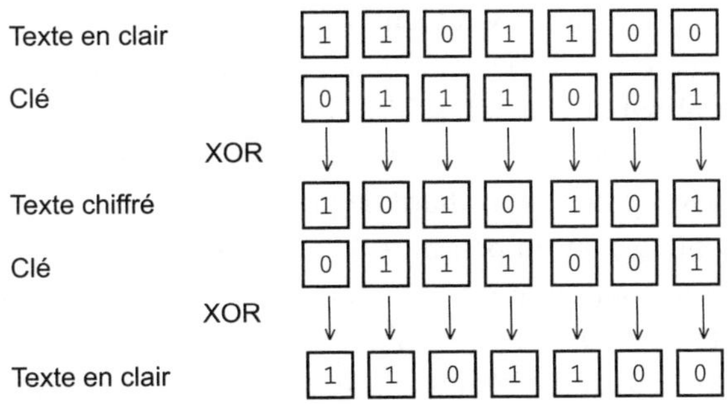

Figure 2.6 – Chiffrage de Vernam

Ces points sont toujours d'actualité, y compris sur Internet. L'un d'entre eux est particulièrement important : le système n'exige pas le secret. Le principe de fonctionnement peut être connu sans que cela nuise à la sécurité. On retrouve ce principe chez Claude Shannon pour qui l'on doit supposer que « l'ennemi connaît le système » (maxime de Shannon). À la fin des années 1940, Claude Shannon, le célèbre « père » de la théorie de l'information a en effet publié l'un des articles fondateurs de la théorie moderne de la cryptographie [Shannon, 1949]. C'est notamment dans cet article qu'est démontrée l'inviolabilité du système de Vernam, mais surtout, ces travaux ont inspiré nombre des recherches menées après la Seconde Guerre mondiale, dont celles de Horst Feistel.

2.1 Chiffrage à clé secrète

Au début des années 1970, la division banque d'IBM s'est intéressée à la possibilité de mettre en place ce que chacun connaît maintenant comme étant un distributeur automatique de billets [Levy, 2001]. Une telle machine doit nécessairement échanger avec le système informatique central de la banque. Il n'est pas envisageable de laisser les flux d'informations bancaires circuler en clair sur le réseau où toute personne indélicate pourrait les intercepter. Il convenait donc d'intégrer des mécanismes de chiffrage au réseau des distributeurs. Horst Feistel a alors proposé *Lucifer*. Cet algorithme est assez compliqué, mais pour l'essentiel, c'est un mécanisme symétrique de substitutions et de permutations par blocs. Le texte est découpé en blocs que l'on mélange avec des substitutions non linéaires, c'est-à-dire que n'importe quel élément du bloc original peut se retrouver n'importe où dans le bloc mélangé. Rien de vraiment nouveau dans les principes donc, simplement un usage de la puissance de calcul que permet l'outil informatique.

IBM a proposé *Lucifer* au bureau national des standards (NIST) qui était alors à la recherche d'un système de chiffrage à la fois puissant et léger. Après intervention et modification par la NSA (nous y reviendrons plus bas) *Lucifer* a été validé comme *Data Encryption Standard* (DES) en 1978 et a connu un énorme succès.

L'algorithme original de Feistel utilisait des clés de 128 bits. Après son passage par la NSA, le DES n'utilisait plus que des clés de 56 bits. La différence est gigantesque. Si vous pouvez tester un milliard de clés par seconde, il vous faudra environ 70 millions de secondes, soit un peu plus de deux ans, pour tester toutes les clés de 56 bits. Dans la même configuration, avec une clé de 128 bits, il vous faudra environ 10^{22} fois plus longtemps, soit quelque mille milliards de fois l'âge de l'univers.

Le DES avec sa clé de taille réduite n'a pas résisté à l'explosion de la puissance de calcul. En 1998, l'Electronic Frontier Foundation (EFF) a construit pour moins de 250.000 $ le « DES *Cracker* » qui est parvenu à déchiffrer un texte en 56 heures. La démonstration était faite que le DES n'était plus sûr, toute organisation disposant de quelques moyens pouvait le casser en quelques heures, voire en quelques secondes. On lui a alors substitué le 3DES qui applique plusieurs fois le DES pour obtenir une clé de 112 bits. Peu satisfaite, l'agence des standards a alors décidé de lancer un appel pour une nouvelle génération d'algorithmes de chiffrage.

C'est finalement *Rijndael* proposé par Joan Daemen et Vincent Rijmen, deux cryptologues belges, qui fut retenu et devint l'AES (*Advanced Encryption System*). Comme le DES, l'AES est basé sur un système de substitution et permutation par blocs. Il utilise des clés de 128, 192 ou 256 bits. C'est le standard actuel que l'on retrouve un peu partout, aussi bien sur Internet que dans de multiples appareils électroniques.

Le DES ou l'AES sont des systèmes de chiffrage à clé secrète, ou chiffrage symétrique. Ce type d'algorithme présente l'avantage de la légèreté et de la relative rapidité, mais il nécessite l'échange préalable d'une clé (figure 2.7), ce qui est toujours risqué et difficile. Plus encore, un tel échange n'est pas généralisable à une vaste population. Avec l'explosion des communications sur Internet, comment faire pour que chacun puisse communiquer avec n'importe qui de manière chiffrée ? Cela suppose que pour tout échange, il y ait au préalable communication d'une clé commune spécifique. Il faut donc entrer en contact avec chacun de ses partenaires, trouver un moyen d'échanger les clés en toute sécurité, pour enfin communiquer secrètement. Si ceci est envisageable pour quelques grosses structures, comme les banques, ça ne l'est pas pour la population dans son ensemble.

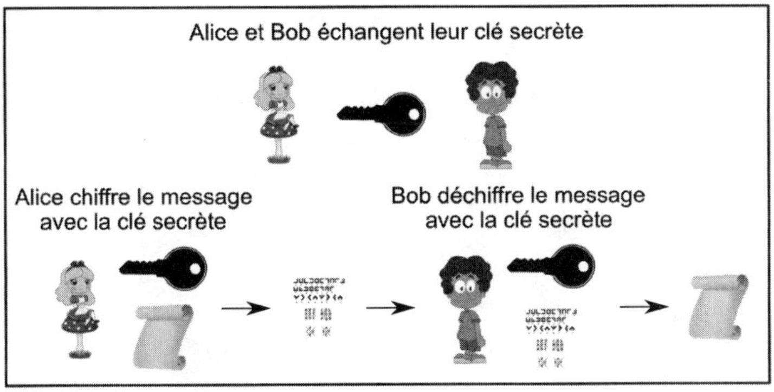

Figure 2.7 – Chiffrage symétrique

2.2 Chiffrage à clé publique

Dès la sortie du DES, deux cryptologues américains ont mis sa solidité en doute : Whitfield Diffie et Martin Hellman. Pour Diffie en particulier, le passage par la NSA rendait le système suspect. La réduction de la clé à 56 bits semblait difficilement explicable (cette valeur n'a pas vraiment de sens en soi en informatique), et son intervention dans la conception des *S-Box*, qui sont chargées du processus de substitution, jetait la suspicion sur l'ensemble. La NSA n'en avait-elle pas profité pour introduire une porte dérobée et accéder directement aux messages chiffrés ? Mais surtout, Diffie avait parfaitement conscience des difficultés liées à l'extension du chiffrage symétrique à une vaste population.

C'est en 1976 que les deux chercheurs ont présenté l'idée qui a révolutionné la cryptographie [Diffie et Hellman, 1976a] : pourquoi ne pas découper la clé en deux parties dont une serait publique ? Si cela paraît évident aujourd'hui, l'idée même d'une clé publique était révolutionnaire. La cryptographie s'est toujours appuyée sur le secret. Diffuser une clé n'était rien moins qu'une rupture de paradigme.

Le principe proposé était le suivant. Alice et Bob souhaitent communiquer. Bob crée deux clés, une clé C qui servira au chiffrage et la clé correspondante D qui servira au déchiffrage. La clé C sera publique et la clé D sera privée. Il faut alors que, bien que C et D soient déterminés conjointement, la connaissance de C ne permette pas de découvrir D, ou plus exactement que cela soit très difficile. Si c'est le cas, Bob peut diffuser largement sa clé C de manière à ce que tous puissent communiquer avec lui. Alice utilisera la clé publique de Bob pour chiffrer son message. Seul Bob disposant de la clé privée, personne d'autre ne pourra le déchiffrer (figure 2.8).

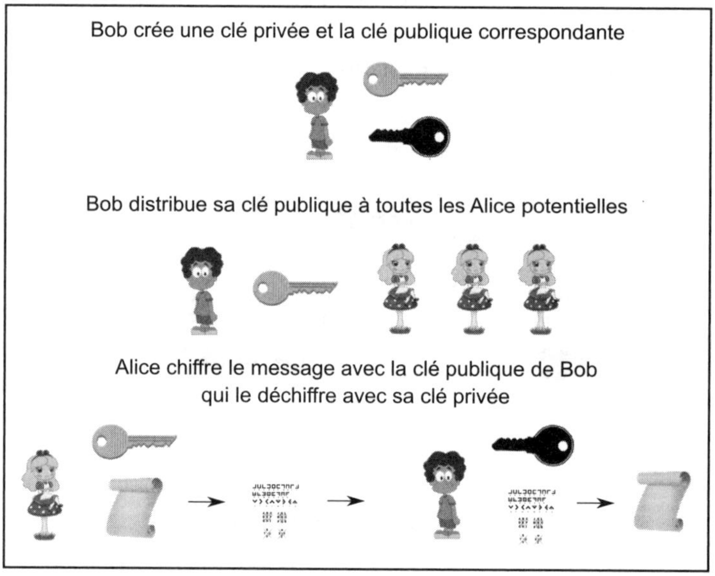

Figure 2.8 – Chiffrage asymétrique à clé publique

Un tel mécanisme peut aller plus loin encore. Outre les capacités de chiffrage, il permet d'authentifier son correspondant. Le système est en effet symétrique, c'est-à-dire que si l'on chiffre avec sa clé privée, il est possible de déchiffrer avec la clé publique correspondante. Pour authentifier son message, il suffit à Bob de le chiffrer avec sa clé privée, Alice pourra le déchiffrer avec la clé publique de Bob et seulement avec elle, garantissant ainsi qu'il en est bien l'émetteur. Pour transmettre un message chiffré et authentifié, Diffie et Hellman proposent le schéma suivant :

— Alice utilise sa clé privée, puis la clé publique de Bob.
— À réception, Bob utilise sa clé privée, puis la clé publique d'Alice.

Au final on aura fait l'opération :

$$\text{privée Alice} \rightarrow \text{publique Bob} \rightarrow \text{privée Bob} \rightarrow \text{publique Alice}$$

ce qui ramène au texte originel, tout en garantissant à Bob que c'est bien Alice qui a émis le message, puisque sa clé publique est nécessaire au décodage (figure 2.9).

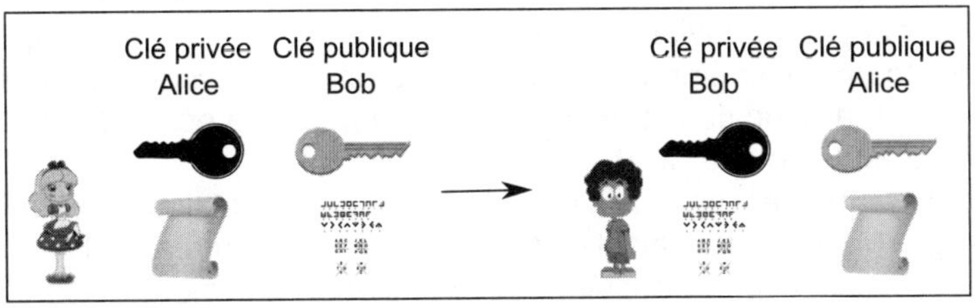

Figure 2.9 – Chiffrage et authentification par clé publique

Quand ils ont publié leur article fondateur, Diffie et Hellman ne faisaient que poser des principes, ils ne connaissaient pas d'outils mathématiques capables de réaliser les opérations décrites : « Actuellement nous n'avons ni preuve qu'un système à clé publique existe, ni un système de démonstration. » La meilleure piste consistait à trouver une fonction *i)* à sens unique, c'est-à-dire qui est facile à calculer, mais dont l'inverse est en revanche très difficile à déterminer *ii)* à brèche secrète, c'est-à-dire pour laquelle la connaissance d'un élément facilite l'inversion.

Une solution a été proposée dès l'année suivante par Ronald Rivest, Adi Shamir et Leonard Adleman [Rivest *et al.*, 1978] du MIT, le célèbre RSA. Cet algorithme est basé sur le problème de la décomposition en facteurs premiers. S'il est facile à partir de deux nombres premiers d'en déterminer le produit, il est en revanche très difficile, à partir du produit, d'en déterminer les facteurs premiers.

RSA est maintenant massivement utilisé et est considéré comme sûr si la clé est assez longue (on recommande actuellement 4096 bits). Ce type d'algorithme est toutefois très lourd et nécessite une grande puissance de calcul, aussi l'utilise-t-on souvent pour initialiser une communication. Le RSA permet l'échange chiffré d'une clé secrète qui est utilisée ensuite dans le cadre d'un chiffrage symétrique type AES. Le système SSL/TLS par exemple fonctionne de cette manière.

3. Pretty Good Privacy

Parmi les logiciels de chiffrage apparus avec le développement d'internet, il en est un qui mérite une attention particulière, parce qu'il a rendu possible le chiffrage relativement simple des échanges de courriers électroniques, mais aussi et surtout, parce qu'il marque une étape essentielle dans les *Crypto Wars*, ces « guerres » auxquelles se livrent les agences de renseignement et la communauté du libre.

Passionné de cryptographie, très engagé politiquement, Phil Zimmermann a été fasciné par la découverte de l'algorithme RSA [Levy, 2001]. La technique était intellectuellement élégante, mais les ordinateurs dont il pouvait disposer étaient inca-

Fonctionnement de l'algorithme RSA

On commence par choisir deux grands nombres premiers (typiquement de plus de 100 chiffres) p et q. On en calcule le produit $n = pq$. On calcule ensuite l'indicatrice d'Euler qui donne le nombre d'entiers premiers à n (c'est-à-dire qui n'ont pas de diviseurs communs à n), soit $\phi(n) = (p-1)(q-1)$. On prend ensuite un entier e premier à $\phi(n)$, puis on calcule d qui est l'inverse de $e \bmod \phi(n)$. On a donc $de = 1 \bmod \phi(n)$. La clé publique est le couple (n,e) et la clé privée est le couple (n,d).
Pour envoyer un message, Alice va utiliser la clé publique de Bob. Pour le message M, elle va calculer $C = M^e \bmod n$. Il suffira à Bob de calculer $M = C^d \bmod n$ pour déchiffrer le message. On montre en effet que $M^{ed} = M \bmod n$, donc si l'on fait successivement les deux opérations d'élévation à la puissance e, puis d'élévation à la puissance d, on retrouve la valeur d'origine. La clé privée d est bien une brèche secrète, elle permet d'inverser facilement la fonction, mais ne peut se découvrir à partir des seules valeurs e et n, car nécessite la connaissance de p et q, donc la décomposition de n en facteurs premiers.
Prenons un exemple. Bob choisit $p = 13, q = 7$, soit $n = pq = 91$ et $\phi(n) = (p-1)(q-1) = 12 \times 6 = 72$. Prenons $e = 5$ qui est premier avec $\phi(n)$. On trouve alors $d = 29$: $de = 29 \times 5 = 145 = 2 \times 72 + 1$, soit $de = 1 \bmod \phi(n)(29 \times 5 = 1 \bmod 72)$. La clé publique est $(91,5)$ et la clé privée est $(91,29)$.
Alice veut envoyer à Bob le message « 5 ». À partir de $M = 5$, elle calcule le message chiffré C. $C = M^e \bmod n = 5^5 \bmod 91 = 31$. À réception, Bob calcule $M = C^d \bmod n = 31^{29} \bmod 91 = 5$. Il retrouve donc bien le message d'origine.
Notons pour terminer que la grande crainte régulièrement évoquée par les journaux vis-à-vis de l'informatique quantique porte précisément sur ce type de système de chiffrage. L'algorithme de Shor permet en effet de réaliser rapidement la décomposition en facteurs premiers, il ôterait ainsi toute efficacité au RSA et à ses équivalents.

pables de gérer les calculs lourds, sur des chiffres extrêmement grands, que nécessitait RSA. Il en était convaincu jusqu'à ce qu'il découvre l'existence d'un programme de type RSA fonctionnant sur un Z-80 (un ordinateur grand public de l'époque) développé par Charlie Merrit. Ce programme était très lent, mais fonctionnel. Merrit eut d'autant plus de mal à le commercialiser, que la NSA lui rappelait régulièrement les risques encourus s'il venait à exporter sa technologie.

C'était donc possible ! On pouvait implémenter le RSA sur une machine grand public. C'est cette découverte qui décida Zimmermann à écrire son propre logiciel de chiffrage à destination du grand public, compliquant l'émergence d'un éventuel Big Brother. Il voulait un programme fonctionnant sur tout type d'ordinateur et suffisamment rapide pour être réellement utilisable. Conscient des lourdeurs de RSA, il pensa très tôt à n'utiliser le système à clé publique que pour échanger des clés secrètes. Son projet avançait bien, grâce notamment à l'aide de Merrit, quand début 1991, le Sénateur Joseph Biden (l'actuel vice-président des États-Unis), introduisit dans un projet de loi antiterroriste, un paragraphe stipulant que les entreprises travaillant pour les systèmes de communication électronique devaient faire en sorte de « [...] permettre au gouvernement un accès au contenu en clair. » La publication de ce qui allait devenir PGP devenait maintenant urgente. Il devait être disponible avant le vote éventuel de cette loi. Zimmermann pressa alors la sortie de la version 1 sur Internet, ce qui en assura une diffusion rapide, y compris hors des États-Unis. Cette version était faible et pouvait être déchiffrée assez facilement, mais elle permit de lancer le mouvement. Elle était simple d'utilisation (figure 2.10), rapide, et intégrait un système d'authentification (figure 2.11 page suivante). Pour authentifier son message, l'expéditeur crée une empreinte du message en clair[2] qu'il chiffre avec sa clé privée. Il suffit au destinataire de le déchiffrer avec la clé publique de l'expéditeur pour s'assurer que le message vient bien de ce dernier.

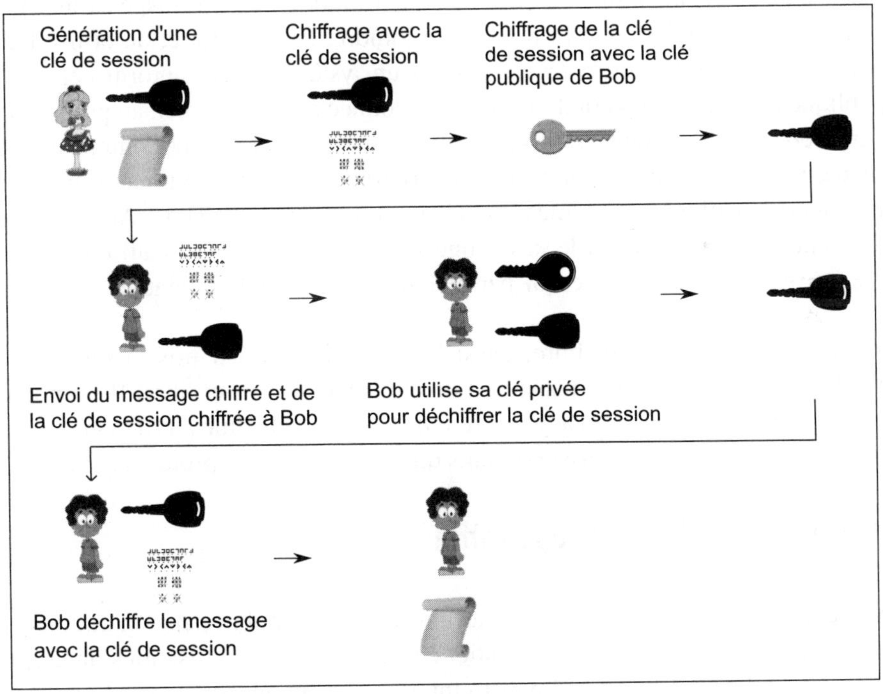

Figure 2.10 – Fonctionnement de PGP

Pour la version 2, Zimmermann fit appel à une vaste communauté internationale de cryptographes volontaires. Ce fut un vrai saut qualitatif. Appuyée sur des

2. Techniquement, il utilise une fonction de hachage. Celle-ci génère une chaîne courte spécifique au message (voir section 2.1 page 95).

algorithmes éprouvés (notamment IDEA un système symétrique performant conçu en 1990), cette version était beaucoup plus solide que la précédente.

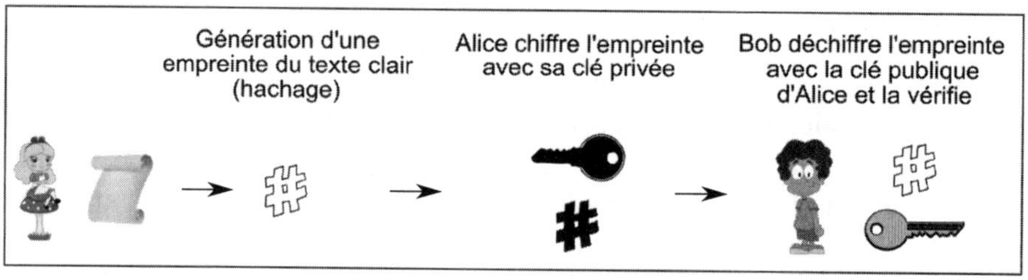

Figure 2.11 – Authentification avec PGP

La version 2 de PGP est à l'origine d'une innovation forte : la *toile confiance* (*Web Of Trust*). L'utilisation de la cryptographie asymétrique suppose que les clés publiques soient largement disponibles, puisque l'on doit pouvoir disposer aisément de la clé du correspondant que l'on souhaite joindre. Pour ce faire, on utilise habituellement une *Public Key Infrastructure* (PKI), un système où une autorité certifie les clés publiques, c'est-à-dire garantit qu'une clé donnée appartient bien au propriétaire qui s'en réclame. Ce système est très répandu, mais reste lourd et complexe, donc peu adapté aux particuliers. Pour pallier ces lourdeurs, Zimmermann a proposé que les utilisateurs certifient eux-mêmes les clés de leurs correspondants. Au lieu d'une autorité centrale, comme dans le cas d'une PKI, ce sont les certifications croisées de ceux en qui l'on a confiance qui permettent de garantir l'authenticité d'une clé donnée.

PGP n'est pas un logiciel libre, aussi le projet GNU a-t-il pris la relève avec OpenPGP qui est maintenant un standard de chiffrage, ouvert et libre. Il est notamment implémenté dans GNU Privacy Guard (GPG) qui se substitue à PGP. On retrouve OpenPGP dans des systèmes aussi courants qu'OpenSSH ou le protocole SSL/TLS.

4. Les États et la cryptographie

De tout temps, la cryptographie a été affaire d'État. Cantonnée aux opérations militaires et diplomatiques pendant l'essentiel de l'histoire des civilisations, la cryptographie s'est déployée dans un cadre restreint et fortement encadré. Avec l'explosion des échanges sur Internet, la problématique a profondément changé. Désormais, tout le monde a besoin de chiffrer ses communications. Il ne s'agit pas là de se cacher des pouvoirs publics, mais tout simplement de garantir la sécurité de ses transactions. Si quiconque ayant quelques notions techniques peut intercepter mon numéro de carte de crédit ou mes mots de passe, le commerce électronique devient impossible. C'est d'abord cette pression économique qui a obligé les États à assouplir leur contrôle.

SSL/TLS

SSL (*Secure Socket Layer*) est un protocole de chiffrage des échanges réseau développé par Netscape au milieu des années 1990. Il a été repris comme standard sous le nom de TLS (*Transport Layer Security*) en 1999. SSL/TLS existe aussi bien pour le web (HTTPS) que pour les mails (STARTTLS) ou la messagerie instantanée.
Utiliser HTTPS quand on surfe sur le Web fait partie des précautions élémentaires essentielles, dont personne ne devrait se passer. L'EFF fait actuellement un gros travail pour en généraliser l'usage, grâce notamment à l'extension pour navigateurs HTTPS *Everywhere* (*eff.org/Https-Everywhere*) et à l'initiative *Let's Encrypt* (*letsencrypt.org*), qui permettra prochainement d'obtenir des certificats gratuitement.
L'usage de SSL/TLS est de bonne pratique, mais il reste un protocole très ciblé par les grandes agences de renseignement, comme par les réseaux mafieux qui sévissent sur la toile. Quand on cherche une confidentialité forte, il ne saurait être suffisant ni dispenser de l'usage d'outils de chiffrage plus puissants.

En France, jusqu'en 1990 les systèmes de chiffrage étaient considérés comme armes de guerre. L'usage en était donc très fortement réglementé. Face aux évolutions techniques et sociales, le législateur a d'abord accepté les systèmes utilisant une clé de 40 bits au plus. Cette limite correspondant en fait à ce que les États-Unis autorisaient à l'exportation vers l'Europe. Si l'on souhaitait utiliser un chiffrage plus solide, on devait déposer les clés chez un tiers de confiance, de manière à ce qu'en cas de besoin, l'État puisse accéder aux données. Il a fallu attendre 2004 pour que la loi pour la confiance dans l'économie numérique déclare dans son article 30 : « L'utilisation des moyens de cryptologie est libre. »

L'exemple français est tout à fait représentatif de l'attitude des États face à la cryptographie. Pour les services de sécurité, accéder aux communications est essentiel. Comment en effet surveiller les échanges suspects s'ils sont chiffrés ?

Pour les États, quels qu'ils soient, la cryptographie libre et généralisée est d'abord considérée comme une atteinte majeure à leurs capacités d'investigation ; même les plus démocratiques d'entre eux rêvent d'obliger les utilisateurs à déposer leurs clés auprès d'un tiers de confiance. Les impératifs économiques et la pression sociale limitent leur ingérence, mais celle-ci demeure que ce soit officiellement dans les pays les moins démocratiques ou plus insidieusement dans les autres.

La NSA (National Security Agency) est au cœur de ces problématiques. Objet de tous les fantasmes et ceci plus encore depuis l'affaire Snowden (voir section 1.1 page 130), agence ultra secrète, dotée de moyens gigantesques, elle a été fondée en 1952 et a centralisé l'effort américain dans le domaine de la cryptographie. Recrutant les plus grands experts, intervenant dès qu'un chercheur s'intéressait au sujet afin d'éviter la diffusion de ses travaux, la NSA a de fait exercé une longue domination en Occident sur le domaine. Le système à clé publique a probablement été découvert par la NSA avant Diffie et Hellman, mais elle en a gardé le secret.

On a vu que quand IBM a développé *Lucifer*, la NSA s'y est immédiatement intéressée. Un système de chiffrage puissant était susceptible de se diffuser auprès du grand public, situation inadmissible pour l'agence américaine. Sachant qu'ils ne pourraient avoir d'autorisation d'exportation sans l'aval de la NSA, IBM s'en est rapproché et s'est alors entendu dire : « Nous voulons contrôler la mise en œuvre de ce système. Vous le développerez secrètement, nous suivrons vos progrès et vous suggérerons des changements. » [Levy, 2001] En contrepartie de ces contrôles, la NSA allait valider le système en le soumettant à ses spécialistes, offrant à IBM une caution majeure. Elle est ainsi intervenue dans la conception des S-box du DES et a limité la taille de la clé à 56 bits. Une telle intervention a naturellement jeté la suspicion. Compte tenu de leur complexité, il était parfaitement possible que la NSA ait inséré une porte dérobée lors de la programmation des S-box. Plus encore, la réduction de la clé à 56 bits semblait montrer que la NSA ne voulait pas d'un système qu'elle ne soit pas capable de casser. Il est difficile ici de démêler le vrai du faux. On sait que l'intervention de la NSA a contribué à renforcer le DES, mais on sait aussi qu'il lui était difficile d'accepter la diffusion d'un système qu'elle ne pouvait maîtriser.

Le DES n'est qu'un des multiples exemples connus de l'activisme de la NSA. Autre cas célèbre, la puce *Clipper* qui devait être intégrée dans les téléphones au début des années 1990. Elle assurait le chiffrage des communications, mais contenait une porte dérobée. En cas de besoin, la NSA pouvait ainsi déchiffrer aisément les messages téléphoniques. Même si l'usage de Clipper était théoriquement très encadré juridiquement, son intégration ouvrait la porte à tous les abus. Comment garantir que la NSA n'allait pas espionner des citoyens américains de sa propre initiative, donc hors cadre légal ? La pression publique et les réticences des fabricants ont eu raison de Clipper, mais cet épisode est parfaitement représentatif de l'attitude des services de sécurité vis-à-vis de la cryptographie : oui, vous pouvez chiffrer ce que vous voulez, mais nous devons pouvoir y accéder facilement.

L'échec de Clipper n'a naturellement pas marqué la fin des efforts de la NSA et des *Crypto Wars*. Les révélations d'Edward Snowden ont montré l'existence d'un programme (*Bullrun*) doté de 250 millions de dollars en 2013, visant spécifiquement à affaiblir les systèmes de chiffrage. La NSA n'hésite pas à intervenir directement auprès des opérateurs internet, mais aussi auprès des entreprises logicielles pour qu'elles affaiblissent leurs algorithmes ou pour qu'elles mettent en place des portes dérobées. Les pressions sont intenses et constantes. L'arrêt brutal de *TrueCrypt* (voir encadré page 42) interroge, mais il est des cas récents plus flagrants. On a appris par exemple en 2013 que, selon le *New York Times*, la NSA aurait introduit une porte dérobée dans le générateur de nombre aléatoire Dual_EC_DRBG reconnu comme standard aux États-Unis depuis 2006[3]. La société RSA Security LLC aurait reçu 10 millions de dollars de la NSA pour intégrer cet algorithme dans ses logiciels[4]

Bullrun selon l'EFF

L'EFF a publié un court document intitulé : *The Crypto Wars: Governements Working to Undermine Encryption*[a] (Crypto guerres : les gouvernements travaillent à ébranler le chiffrage). On y trouve les commentaires suivants à propos du programme Bullrun.

Ce que l'on sait de Bullrun – nos infrastructures sont attaquées

— La NSA a introduit des failles cachées dans nos standards de sécurité.
— La NSA travaille à saboter nos systèmes en y introduisant des portes dérobées et en les affaiblissant.
— La NSA infiltre secrètement les entreprises pour réaliser ces sabotages ou travaille avec les entreprises pour affaiblir les systèmes, ou utilise la coercition pour les obliger à affaiblir leurs systèmes. Tout cela en secret.
— La NSA cherche à influencer le marché global de la cryptographie pour s'assurer que les populations n'auront accès qu'à des systèmes compromis.

Pour mémoire, l'EFF n'est pas une structure crypto anarchiste, mais bien une grande organisation internationale de défense des libertés, unanimement reconnue pour son sérieux et sa solidité.

a. *eff.org/document/crypto-wars-governments-working-undermine-encryption*, vu le 10/08/2015

On sait de même qu'elle s'intéresse de près aux systèmes d'exploitation. Le père de Linus Torvald, membre du parlement européen, a ainsi confirmé que son fils avait été approché par la NSA, qui lui aurait demandé la mise en place d'une porte dérobée dans Linux[5]. La récente affaire Gemalto où l'on a appris que la NSA s'est accaparée les clés d'un grand nombre de cartes SIM illustre bien l'activisme extrême de l'agence américaine.

En 2005, la *Foundation for Information Policy Research* (FIPR) a publié un article intitulé « The Crypto Wars Are Over![6] » Pour les auteurs, la pression économique et

3. *arstechnica.com/security/2013/09/new-york-times-provides-new-details-about-nsa-backdoor-in-crypto-spec*, vu le 25/4/2015.

4. *arstechnica.com/security/2014/01/how-the-nsa-may-have-put-a-backdoor-in-rsas-cryptography-a-technical-primer*, vu le 25/4/2015.

5. *zdnet.fr/actualites/selon-le-pere-de-linus-torvalds-la-nsa-a-bien-demande-un-acces-derobe-dans-linux-39795598.htm*, vu le 5/8/2015.

6. *fipr.org/press/050525crypto.html*, vu le 24/4/2015.

TrueCrypt

TrueCrypt est un logiciel de chiffrage sortie en 2004. Basé sur des algorithmes forts comme AES, *Serpent* ou *Twofish*, il permet de chiffrer des systèmes entiers ou, plus simplement, de disposer d'espaces chiffrés sur son disque dur. Outre sa puissance intrinsèque, TrueCrypt présente la particularité de permettre le déni plausible, c'est-à-dire que l'on peut nier la présence de certaines données chiffrées. Il est en effet possible, au sein d'un volume TrueCrypt de créer un volume caché, que l'on déchiffrera avec une clé spécifique, et dont il est en théorie impossible de détecter la présence. Les révélations Snowden (voir chapitre 6 page 129) ont montré que pour la NSA il fait partie des outils qui posent des problèmes « majeurs. »

Au printemps 2014, le site de TrueCrypt a soudainement annoncé que les développeurs cessaient leur travail. Une faille aurait été découverte et les utilisateurs étaient invités à se retourner vers BitLocker de Microsoft. Ceci est d'autant plus dénué de sens qu'il est connu que Microsoft a fourni aux autorités policières américaines les outils logiciels nécessaires pour accéder aux données chiffrées avec BitLocker.

De nombreuses hypothèses ont fleuri sur les causes de cet arrêt brutal. Venant des auteurs de TrueCrypt, la référence à BitLocker pouvait difficilement être considérée comme sérieuse. S'agit-il d'une conséquence du projet *Bullrun* (voir section 4 page 38), d'une lassitude des développeurs, d'un hack ? Quoi qu'il en soit, la sécurité de TrueCrypt a été démontrée par de solides audits externes et l'on peut toujours en charger la dernière version opérationnelle sur *truecrypt.ch*.

le développement des outils de chiffrages open source comme PGP marquaient la fin de la guerre. Les États avaient perdu. Aujourd'hui, on sait que ce n'est pas le cas et l'activisme de la NSA (mais aussi en particulier de son homologue britannique le GCHQ) est sans fin.

Néanmoins, les mécanismes de chiffrage sont intrinsèquement sûrs. On ne sait pas résoudre efficacement le problème de la décomposition en grands nombres premiers, ou celui du logarithme discret. Les algorithmes utilisés sont performants et s'ils sont correctement utilisés, même les plus puissantes des organisations ne peuvent les casser facilement. Naturellement, cela suppose qu'il n'y ait de failles ni dans l'implémentation ni dans l'utilisation. C'est là que sont les faiblesses, pas dans les mécanismes généraux.

La cryptographie a été conçue historiquement comme un instrument de préservation de la confidentialité des échanges. Ses progrès, le développement d'internet et l'augmentation de la puissance de calcul ont permis, et d'une certaine manière provoqué, l'apparition du Darknet. La préservation de l'anonymat n'est en effet possible que grâce au chiffrage. Il est au cœur des mécanismes de l'anonymisation. En participant au processus même de dissimulation des points d'origine et de destination des échanges, il est le pilier essentiel autour duquel a pu émerger et se développer le Darknet.

Deuxième partie

Outils

Chapitre 3 Les outils du Darknet

Les darknets sont nombreux et divers. Certains se contentent de rendre anonyme l'accès aux ressources habituelles d'Internet, d'autres au contraire forment une sorte d'écosystème fermé et étanche aux espaces en ligne communs. Certains sont d'un usage élémentaire, d'autres nécessitent des compétences techniques et une bonne dose de motivation et de patience. Certains enfin sont célèbres et rassemblent des millions d'utilisateurs, alors que d'autres ne réunissent que de petites communautés. Le seul point commun est le souci, souvent exacerbé, de la préservation de l'anonymat. Raisonnablement sûrs quand ils sont bien utilisés, ils fournissent aux utilisateurs une protection inaccessible autrement.

Ce chapitre ne se veut nullement exhaustif, trop d'outils, souvent marginaux devraient alors être présentés. Nous allons voir les plus importants d'entre eux, que ce soit par leur notoriété ou parce que les innovations qu'ils implémentent sont susceptibles de préfigurer les technologies de demain. Pour chacun d'entre eux, nous présenterons la démarche de mise en œuvre et les principes généraux de fonctionnement, mais auparavant nous devons dire quelques mots de l'open source et de GNU/Linux.

1. Open source et GNU/Linux

Firefox, Libre Office, VLC, Thunderbird... chacun connaît ces grands logiciels désormais diffusés à des millions d'exemplaires à travers le monde. En brisant le monopole de Microsoft Explorer, Firefox est même à l'origine du renouveau des navigateurs.

Ces logiciels ont tous pour point commun d'être *open source*, c'est-à-dire que, au-delà du fait qu'ils soient tous gratuits et développés par des communautés plutôt que par des structures traditionnelles, tous mettent à disposition leur code source. Chacun peut accéder à ce code et le compiler pour obtenir un logiciel opérationnel.

Nous ne présenterons et n'utiliserons dans cet ouvrage que des logiciels open source. Eux seuls peuvent offrir un minimum de garantie quant à l'absence de porte dérobée et autres fonctions de surveillance. Nulle théorie du complot derrière cette position. On sait, au moins depuis les révélations Snowden, que la NSA (et elle n'est très certainement pas la seule) cherche à mettre en place des portes dérobées dans les logiciels qui l'intéresse, soit en négociant, soit de manière clandestine (voir page 41). Les solutions propriétaires n'ont ainsi souvent à offrir pour garantie que la bonne foi présumée des éditeurs. Inversement, les logiciels open source sont vus et audités par une vaste communauté et il est difficile d'y introduire des fonctions cachées.

Mais là encore, il n'y a aucune certitude. Le fait qu'un logiciel soit open source ne garantit pas sa sécurité. On se souvient de la faille *Heartbleed* qui a fait la Une au printemps 2014. Un bug introduit en 2012 a compromis la sécurité du protocole SSL/TLS, permettant potentiellement à un tiers d'accéder à des informations confidentielles. Selon Bloomberg, la NSA l'aurait exploité pendant deux ans [1], ce qu'elle dément. Plus grave encore, le FBI a été fortement soupçonné en 2010 d'avoir introduit une porte dérobée dans OpenBSD au début des années 2000, afin d'espionner les échanges sur VPN. Il n'est en effet pas impossible d'introduire du code malicieux dans un projet open source. Tout le monde n'audite pas le code tout le temps et il existe des techniques pour compliquer la découverte des fonctions concernées. L'usage d'outils open source est nécessaire, il ne saurait être suffisant.

Le système d'exploitation GNU/Linux est le plus célèbre et le plus important des projets open source.

Le noyau Linux a été proposé en 1991 par Linus Torvald. Intégré dans le projet GNU développé sous l'impulsion de Richard Stallman, il est devenu le système GNU/Linux, maintenant bien connu (généralement sous le nom de Linux). Compatible avec UNIX, le système d'exploitation historique créé en 1969, Linux est l'exemple même de la capacité d'action de la communauté du libre.

Aujourd'hui, aussi étonnant que cela paraisse, Linux a incontestablement gagné la bataille des systèmes d'exploitation. Votre téléphone, votre box, une multitude d'appareils électroniques, mais aussi les infrastructures internet et scientifiques, tout cela est très largement dominé par Linux. Pourtant, Linux a tout aussi incontestablement perdu la bataille des ordinateurs de bureau. Ceci est d'autant plus dommage qu'un bureau Linux marche bien mieux qu'un bureau Windows, ne serait-ce que parce qu'il vieillit infiniment moins mal. Pourtant, avec une part de marché qui se maintient désespérément sous la barre de 2 %, il est quasi-inexistant auprès du grand public. Les raisons de cet échec sont multiples, mais la plus importante reste que Linux fait toujours peur. Il a la réputation d'être complexe et d'être seulement destiné aux professionnels et aux geeks. Ce n'est plus vrai aujourd'hui, mais la réputation demeure. La communauté du libre a ici une responsabilité forte. Ses préoccupations ne sont pas celles de l'utilisateur lambda. À toujours chercher à se faire plaisir, elle a construit un environnement d'une richesse inouïe, mais qui, pour le profane, est devenu totalement brouillon et incompréhensible. Comment faire comprendre l'exis-

1. *bloomberg.com/news/articles/2014-04-11/nsa-said-to-have-used-heartbleed-bug-exposing-consumers*, vu le 6/8/2015.

tence de dizaines de distributions différentes ? Chacun sait la différence entre Windows et Mac OS, mais qu'en est-il de celle qui distingue *Debian* de *Fedora*, *Arch* ou *Mint* ? Comment ne pas effrayer avec ces batailles jamais terminées entre les fans de *KDE* et ceux de *Gnome* (sous l'œil goguenard des utilisateurs de *Xfce*...), ou avec ce snobisme qui veut que l'on puisse considérer *Ubuntu* comme une forme de trahison destinée aux « noobs » et son embonpoint comme la manifestation d'une dérive commerciale ? Ces critiques sont peut-être fondées, mais la communauté reste redevable à cette distribution de ce qu'elle a fait pour la popularité du système.

Aujourd'hui, certaines distributions Linux sont parfaitement accessibles à la célèbre Mme Michu. De l'installation à l'usage, nul besoin d'être un adepte de la ligne de commande pour utiliser Linux. S'il n'est pas particulièrement exotique, le matériel est reconnu et l'interface utilisateur peut être proche de celles que l'on utilise sous Windows ou Mac OS. Les distributions comme Ubuntu ou Elementary OS sont à la portée de tous.

Les outils du Darknet existent pour l'ensemble des grands systèmes d'exploitation, dont naturellement Windows et Mac OS. Il n'y a donc pas d'obligation de passer par Linux. Toutefois, son usage est un atout certain quand on veut préserver sérieusement son anonymat, ceci pour au moins trois grandes raisons :

— Les outils de sécurité et d'anonymisation sont généralement d'abord développés pour Linux.

— Le pire ennemi de l'anonymat n'est pas l'éventuelle porte dérobée que les logiciels pourraient cacher, c'est tout simplement la compromission de son propre système. Si un programme enregistre tout ce que vous tapez sur votre clavier, la notion d'anonymat n'a plus de sens. Or, la probabilité de voir son système infecté est sensiblement plus faible avec Linux qu'avec Windows et même Mac OS. Cela tient d'abord au fait que les virus et autres malwares sont conçus pour attaquer le plus grand nombre de machines possibles, Windows est alors de loin la meilleure cible.

— Enfin, Linux est un système open source. Malgré la tentative de la NSA d'y introduire une porte dérobée (voir section 4 page 38), le code de Linux étant ouvert, il n'est pas simple d'y insérer une telle faille sans que cela ne se sache.

Actuellement, celui qui recherche un anonymat fort se tournera d'abord vers *Tails* (*The amnesic incognito live system*, *tails.boum.org*) qui n'est rien d'autre qu'une distribution Linux :

— *Amnesic* parce que rien de ce qui est fait au cours d'une session Tails n'est enregistré sur l'ordinateur.

— *Incognito* parce que les connexions internet y sont anonymes.

— *Live* parce que Tails est une distribution *live*, c'est-à-dire qu'elle fonctionne en autonomie sur n'importe quel ordinateur sans toucher au système existant. Elle s'installe sur une clé USB et il suffit de démarrer sur cette clé pour en disposer.

Utilisé par Edward Snowden, on le dit « outil détesté par la NSA [2]. »

2. Premiers pas

Proxies et VPN sont très répandus. Simples d'usage, ils offrent un premier niveau de protection de l'anonymat.

2.1 Les Proxies web

Un *proxy web* (serveur mandataire) est un ordinateur qui peut jouer le rôle d'intermédiaire entre l'utilisateur et le serveur consulté. Les proxies servent généralement de cache pour accélérer l'accès, ou d'outils de filtrage en entreprise. Ils peuvent également servir d'outil d'anonymisation en s'intercalant entre l'utilisateur et internet. Dans l'exemple ci-dessous (figure 3.1), les serveurs internet voient l'IP `5.6.7.8` et non celle de l'utilisateur (`1.2.3.4`) qui reste cachée.

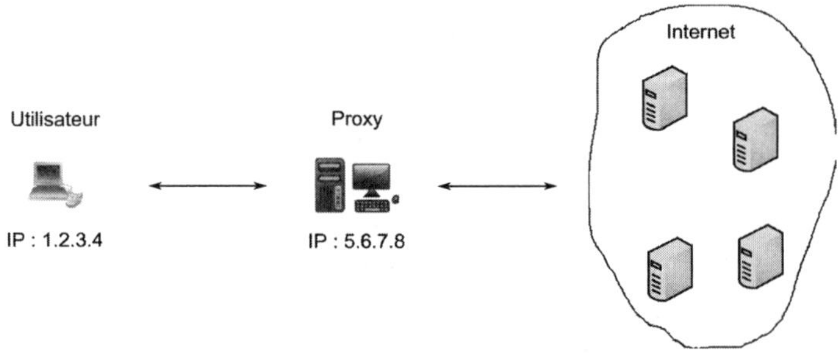

Figure 3.1 – Proxy et anonymisation

Une fois son compte créé chez l'un des innombrables fournisseurs disponibles, il suffit d'activer le proxy dans son navigateur pour que la navigation passe désormais par son intermédiaire.

Les proxies sont utiles et pratiques. Certains ne nécessitent même aucune installation en offrant une page web de navigation qui vous connecte directement au site visé. Pourtant, ils sont d'une utilité très limitée pour quiconque recherche un anonymat sérieux. Si l'on ne souhaite pas que son FAI sache que l'on va régulièrement sur *comment-repeindre-son-chat-en-rose.com*, c'est un bon outil, mais seulement pour

2. *lemonde.fr/pixels/article/2014/11/20/tails-l-outil-deteste-par-la-nsa-qui-veut-democratiser-l-anonymat-en-ligne_4514650_4408996.html*, vu le 3/8/2015.

ça. Les fournisseurs ne donnent en général que des garanties limitées, sans parler des offres gratuites où, comme toujours, le client est le produit.

2.2 Les VPN

Les VPN sont les plus connus et les plus utilisés des outils d'anonymisation et c'est souvent par eux que l'on commence. Un VPN (*Virtual Private Network*) est un logiciel qui permet à un ordinateur distant de se connecter à un réseau privé, comme le réseau interne d'une entreprise. Le VPN construit un tunnel chiffré entre la machine distante et le réseau privé. Il existe différents protocoles et de nombreux logiciels associés. Le standard ouvert est OpenVPN qui est maintenant très largement diffusé.

Les VPN sont utilisés comme outil d'anonymisation parce qu'outre la connexion à un réseau privé, ils permettent de construire un pont vers internet. L'utilisateur se connecte au VPN, lequel se connecte à internet. Du point de vue de l'extérieur, c'est le VPN qui est visible et non l'utilisateur. On s'en sert souvent pour passer outre les restrictions géographiques imposées par certains sites (type Netflix), en leur faisant croire que l'on se connecte depuis les États-Unis.

Pourquoi alors aller plus loin ? Puisque les VPN cachent l'utilisateur, on devrait pouvoir s'en contenter ! Les choses ne sont pas aussi simples. Depuis l'adoption de la loi Hadopi, on a vu se multiplier les offres de VPN, chacune « garantissant » sécurité et anonymat. Dans la pratique, cet anonymat est relatif. Le prestataire de service connaît ses utilisateurs. Il connaît leurs IP et sait quand et où ils se sont connectés. Dès lors, en cas de recherche, il lui suffit de consulter ses fichiers logs [3] pour retrouver quelqu'un.

Conscient de cette situation, les fournisseurs de VPN proposent parfois des options dites « no-log » où l'on garantit le fait qu'aucune activité n'est enregistrée. Il ne s'agit pas de préjuger d'une quelconque mauvaise foi et les enregistrements sont très probablement réduits, mais :

- Dans de nombreux pays, la législation oblige les fournisseurs de service à conserver les fichiers logs. Un VPN hébergé aux États-Unis sera soumis au Patriot Act.
- Il est très difficile d'assurer le bon fonctionnement d'un VPN sans utiliser les fichiers log.

En bref, utiliser un VPN est de manière générale de bonne pratique, mais ce n'est en aucune manière un outil infaillible [4].

Naturellement s'il s'agit simplement de dissimuler le téléchargement de quelques morceaux de musique ou de quelques vidéos, un VPN est suffisant. Ceux qui sont dans l'action politique dans un environnement autoritaire devront être attentifs et l'on ne peut alors que conseiller de faire du VPN l'un des outils utilisés parmi d'autres.

3. Les logs sont des fichiers d'enregistrement de l'activité d'un système. Ils sont destinés à la maintenance.

4. Ceci est d'autant plus vrai qu'il faut veiller aux fuites DNS (voir *dnsleaktest.com*) et aux failles WebRTC (voir page 160), surtout si l'on est sur Windows.

3. Au cœur du Darknet

Aller sur le Darknet suppose l'usage d'outils sophistiqués qui se veulent garants d'un anonymat renforcé.

3.1 Les Mixnets

Au-delà des outils basiques comme les proxies ou les VPN, le Darknet s'appuie sur des logiciels beaucoup plus avancés et complexes. Pour les comprendre, nous devons revenir sur la notion de *Mix network* proposée par David Chaum en 1981 [Chaum, 1981]. Elle reste une base essentielle pour tous, à commencer par Tor.

Dans son article originel, Chaum propose « Une technique basée sur la cryptographie à clé publique, qui permet de construire un système de courrier électronique qui cache quel participant communique avec qui, aussi bien que le contenu des communications. »

Son système s'appuie sur deux mécanismes principaux :

— Les chaînes de communication. Au lieu d'une connexion directe entre deux personnes souhaitant échanger, on va acheminer le trafic à travers un ensemble de relais. Le destinataire ne verra alors que le relais final et sera dans l'incapacité d'identifier l'origine de la communication. Dans l'internet moderne, un serveur web verra l'IP du dernier relais et non celle de la personne qui consulte le site.

— Un système de chiffrage en couches qui garantit *i)* que seul le destinataire pourra accéder au contenu du message, *ii)* que chaque relais ne connaît que ses successeurs et prédécesseurs immédiats.

Considérons un système simple avec quatre nœuds : Alice qui est à l'origine de la communication, Mic1 et Mic2 qui sont des relais et Bob à qui la communication est destinée. Quand Alice envoie un message à Bob, il transite par Mic1 qui masque l'origine de la communication, puis par Mic2 (figure 3.2).

Figure 3.2 – Mixnet et dissimulation de l'origine de la correspondance

On n'est naturellement pas limité à deux intermédiaires et on peut allonger la chaîne, si l'on veut renforcer l'anonymat (au détriment de la latence).

Pour rester confidentiels, les échanges doivent être chiffrés. Résumons le mécanisme sur une chaîne utilisant un seul relais. On utilisera la métaphore de la mise sous enveloppe pour représenter le chiffrage. Le mécanisme est alors le suivant (figure 3.3 page ci-contre) :

1. Alice écrit son message et le met dans une enveloppe à destination de Bob (donc chiffré avec la clé publique de Bob). Ensuite, elle prend cette enveloppe, ajoute une étiquette avec l'adresse de Bob et met le tout dans une enveloppe à destination de Mic.
2. Mic reçoit le message et ouvre son enveloppe (donc le déchiffre). Il y trouve l'adresse de Bob et un message à son attention.
3. Bob reçoit le message de Mic, ouvre l'enveloppe avec sa clé privée et accède au texte envoyé par Alice.

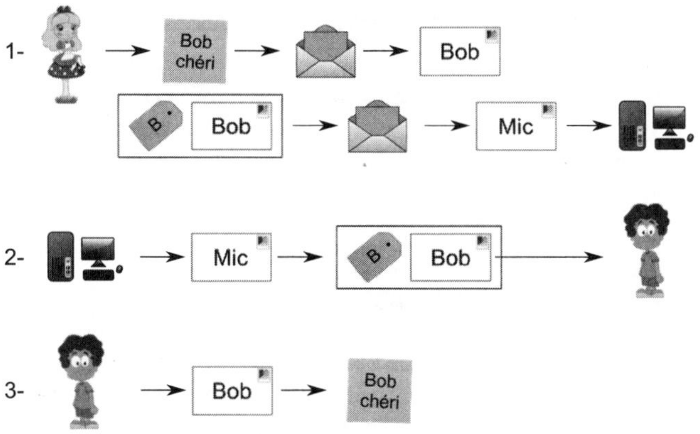

Figure 3.3 – Envoi d'un message chiffré dans un mixnet

Grâce à l'utilisation de plusieurs couches de chiffrage (les enveloppes dans les enveloppes), Mic ne peut accéder au message de Bob et Bob ne peut identifier Alice. Le message est transmis de manière sécurisée. On peut augmenter le nombre d'intermédiaires simplement en augmentant le nombre de niveaux de chiffrage (soit le nombre d'enveloppes les unes dans les autres). L'adresse du destinataire suivant n'étant accessible qu'au relais courant (puisque dans une enveloppe qui lui est spécifiquement destinée), chaque relais ne connaît que son prédécesseur et son successeur directs.

Ce mécanisme permet de protéger l'envoi, mais comment obtenir une réponse sans se dévoiler ? Le mécanisme est un peu plus compliqué, mais le principe reste simple. Il suffit qu'Alice mette son adresse dans une sorte d'enveloppe retour que Bob devra renvoyer à Mic. En voici une description partielle (figure 3.4 page suivante) :

— Alice met son adresse dans une enveloppe à destination de Mic (donc chiffrée avec la clé de Mic).
— Alice écrit son message, ajoute l'enveloppe pour Mic et met le tout dans une enveloppe à destination de Bob. Elle met ensuite l'adresse de Bob et cette enveloppe dans une autre enveloppe à destination de Mic et procède à l'envoi. Il y a à ce stade trois niveaux de chiffrage, trois enveloppes les unes dans les autres.

— Mic reçoit une enveloppe, l'ouvre et y trouve l'adresse de Bob et une enveloppe à son attention.
— Bob ouvre son enveloppe. Il y trouve son message et une enveloppe à destination de Mic.
— Bob rédige sa réponse et l'envoie à Mic avec l'enveloppe à renvoyer qu'il vient de recevoir.
— Mic ouvre l'enveloppe et y trouve l'adresse d'Alice à qui il peut transférer le message de réponse.

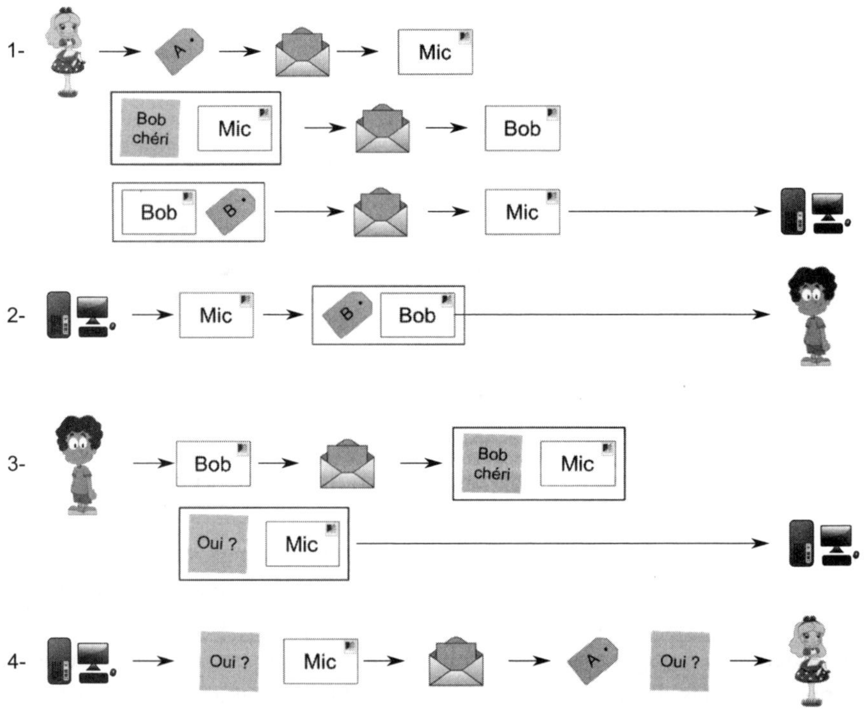

Figure 3.4 – Envoi d'un message et retour dans un mixnet

On voit qu'à aucun moment Bob n'a connaissance de l'adresse d'Alice.

Le mécanisme décrit ci-dessus est incomplet. Au retour, Mic peut accéder au message de Bob. Dans les faits, Alice va utiliser deux niveaux de chiffrage supplémentaires avec des clés de session [5]. Les choses se passent comme si Alice fournissait dans son envoi initial deux enveloppes retour qui permettent de cacher le contenu à Mic (et aux éventuels observateurs externes). Là encore, on peut multiplier le nombre d'intermédiaires en multipliant les couches de chiffrage.

5. Une clé de session est une clé qui n'est utilisée que durant la connexion courante. Il faut deux niveaux pour que le message de Bob à Mic soit différent du message de Mic à Alice. S'ils étaient identiques, un observateur pourrait voir qu'il y a une communication entre Bob et Alice.

Ce mécanisme, au final assez simple, permet des échanges anonymes et chiffrés. Sous différentes variantes, il est au cœur du Darknet actuel, même s'il est loin d'être infaillible.

Le principe des mixnets consiste à cacher les utilisateurs parmi les utilisateurs. S'il n'y avait qu'Alice et Bob, il serait facile de mettre en évidence le fait qu'ils communiquent entre eux. De manière générale, si l'on peut surveiller l'ensemble du système, il sera possible de mettre en évidence le fait que les volumes de données envoyés par Alice à l'instant *t* correspondent aux volumes reçus par Bob sensiblement au même moment (attaque *time pattern*). Plus le nombre de participants au réseau sera important, plus il sera difficile de distinguer ces relations. C'est un peu le même principe que ce fait divers où le meurtrier a téléphoné à la sœur de sa victime pendant qu'il la torturait. La police a bien localisé l'appel à *Time Square*, mais comment trouver l'assassin dans un lieu si fréquenté [6] ? De nombreux autres types d'attaques sont susceptibles de mettre en cause la sécurité d'un mixnet. Les différentes implémentations actuelles intègrent des contre-mesures, mais là comme ailleurs, la certitude n'existe pas.

3.2 Tor

Tor (*The Onion Router*) est maintenant bien connu du grand public. Les médias l'ont largement publicisé et chacun connaît désormais cet outil, toujours présenté comme sulfureux, et qui, dans l'imaginaire collectif, ne peut qu'être l'œuvre d'« anarcho-geeks » voulant à tout prix dissimuler leurs opérations illégales. Pourtant, sauf à voir dans les généraux américains de dangereux anarchistes, rien ne saurait être moins vrai. Tor est d'abord et avant tout un projet militaire. En 2014, plus de 90 % du budget total du projet Tor (environ 2,8 millions de dollars) venaient du contribuable américain [7].

L'histoire de Tor commence en 1996 avec la publication par trois chercheurs du *Naval Research Laboratory* (NRL) d'un article intitulé : *Hiding Routing Information* [Goldschlag *et al.*, 1996]. Ce texte « décrit une architecture, le *routage en oignon* (*Onion Routing*), qui limite la vulnérabilité d'un réseau à l'analyse du trafic. » Tor en est le descendant direct : *Tor: The Second Generation Onion Router* [Dingledine *et al.*, 2004]. Si les toutes premières versions remontent à 2002, c'est à partir de 2004 que Tor a décollé réellement, après que la NRL ait libéré le code et que l'EFF ait pris le relais en finançant les chercheurs concernés. Ils ont alors créé en 2006 le *Projet Tor* une organisation à but non lucratif ayant en charge le développement et la maintenance du réseau.

6. *deepdotweb.com/jolly-rogers-security-guide-for-beginners/clearnet-vs-hidden-services-why-you-should-be-careful*, vu le 10/10/2015.

7. *informationsecuritybuzz.com/secret-history-tor*, vu le 20/6/2015.

Comment accéder au réseau Tor ?

Dès l'origine, les concepteurs du réseau Tor ont posé la nécessité de la simplicité d'usage : « Un système difficile à utiliser a peu d'utilisateurs et comme les systèmes d'anonymisation cachent les utilisateurs parmi les utilisateurs, un système avec peu d'utilisateurs réduit l'anonymat. La facilité d'usage n'est donc pas une simple question de convivialité, c'est un impératif de sécurité. » [Dingledine *et al.*, 2004, p. 4].

Pour accéder au réseau Tor, il suffit de charger et d'installer le *Tor Browser*, une simple adaptation de Firefox. Quel que soit le système utilisé, il s'installe comme n'importe quelle application et s'utilise comme telle. On notera simplement que, comme pour tout logiciel de sécurité, il est de bonne pratique de vérifier la signature du fichier (*checksum*) afin d'en garantir l'intégrité.

Au lancement, le navigateur Tor se présente comme une instance de Firefox (figure 3.5). Pour s'assurer que tout fonctionne bien, il faut vérifier que l'IP identifiée sur internet n'est pas la nôtre. Le lien *Test Tor Network Settings* le permet. On peut aussi utiliser n'importe quel service de vérification d'IP pour s'assurer de son bon fonctionnement (*mon-ip.com* par exemple).

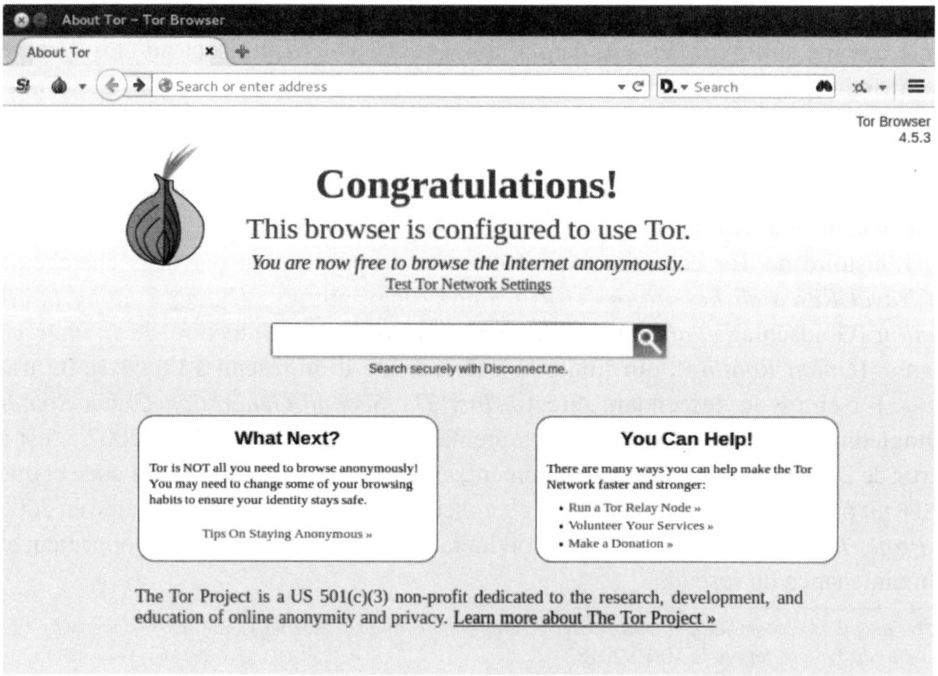

Figure 3.5 – Le Tor Browser

À partir de là, la navigation est anonyme. On peut aller sur n'importe quel site web sans qu'il puisse nous identifier.

Tor n'est pas limité à la navigation anonyme sur le Clearnet. Il héberge également un Web caché, c'est-à-dire un ensemble de sites auxquels on ne peut accéder qu'à travers Tor. Ils ont pour extension `.onion` et une adresse souvent cryptique. En ce moment (parce que cela change souvent), l'adresse de dépôts de documents sur WikiLeaks est `wlupld3ptjvsgwqw.onion`. Ces sites cachés sont une partie importante du Darknet. Le *Hidden Wiki* en liste des dizaines. Il est le plus simple des points de départ (figure 3.6).

Political

- 88 Index (http://freenet7cul5qsz6.onion /USK@SIy4uhfX92sc9CrKHsGxFjYTDssfLxyGtt7KlBvYBiM,xUbauzOyo4b7reRxkNGsECeE7hhjZtXtdOYOp7YdVvI,AQACAAE /ORION152311/15/) 88Index ...:: Time to KILL censorship on Freenet ::... points to various freesites about nationalism asf.
- Anarplex (http://y5fmhyqdr6r7ddws.onion/) - Hosts files & projects related to crypto-anarchy, phyles, agorism and related subject - and offer various services related to crypto-tribes and darknets.
- Anon Insiders (http://imtrjn3qe2tzh5ae.onion/) - Anonymous Press Releases & news (from the inside); **Million Mask March**
- Alpha-7-Bravo Blog (http://opnju4nyz7wbypme.onion/weblog/index.html) - intel, sitrep, comms
- Code Green (http://pyl7a4ccwgpxm6rd.onion/) - Ethical hacktivism for a better world
- FREEFOR (http://tns7i5gucaaussz4.onion/) - USA-based FREEdom FORces developing a turnkey distributed Temporary
- Autonomous Zone. FAQ (http://tns7i5gucaaussz4.onion/wiki/FAQ/)
  Heidenwut (http://pornpetscauod443.onion.link/) (via gateway) - Politics, Occultism, Spy vs. Spy, Revolution!
- Internet Governance Transparency (http://k52lcjc5fws3jbqf.onion/) - This is an anonymous publishing site for Internet Governance related documents.
- Marxists Internet Archive (http://iww2iqhwxmnbh4qs.onion/www.marxists.org/index.htm)
- normal (http://qrw3w45sx7niqcpg.onion/english/) - Working to legalize cannabis in Norway
- paraZite #1st (http://qx7j2selmom4ioxf.onion/), clearnet 301 redirector (http://onion.parazite.net/) - Illicit activities advocacy and censored information archive.
- paraZite #2nd (http://kpynyvym6xqi7wz2.onion/), clearnet 301 redirector (http://onion2.parazite.net/) - Illicit activities advocacy and censored information archive.
- ProPublica (http://propub3r6espa33w.onion/) - Journalism in the "public" interest - covering all news ✓ run by the jew Stephen Engelbert (http://propub3r6espa33w.onion/article/the-painting-that-saved-my-family-from-the-holocaust)
- PUSCII Ranting for the revolution (http://ikqiyldjddtx65pk.onion/blog/) - a blog on technology and radical politics.
- The little bisexual blog (http://nicce3665574md6e.onion/) human rights
- Xiandos info (http://mbxsrn5ijmioznn7.onion/Xiandos_info) civil rights, Norway, English + Norwegian [▾ **DOWN** 2015-11-25]
- Youth Rage forum (http://neyigf7eragkp5nq.onion/forum/) - Fighthing and exposing anti-youth culture and hypocrisy. [▾ **DOWN** 2015-11-25]
- 8chan political boards (http://oxwugzccvk3dk6tj.onion/boards.php?&tags=politics) 150+ imageboards and textboards, wide range
- /pol/ on werchan (http://werchan24h52wjqi.onion/pol/) - politics board - posting is possible without captchas

Leaks, anti-government

- The Files (http://nwic4zu2naoauvvn.onion/) - Anonymously submit information to researchers and journalists. [▾ **DOWN** 2015-11-25]
- Global Leaks (http://h73hx2munq7q465s.onion/#/) - For whistleblowers. [▾ **DOWN** 2015-11-25]
- pagelist of: (https://bluecabinet.info/index.php?title=Special:AllPages&from=007_Spygear&to=ULTRAREACH) <-- click this Blue Cabinet Wiki by the Telecomix / WeRebuild group (http://twulujga5k2t3i6c.onion/) i2p (http://npkn2tsan5be7abni7dex7t65jevtifwj2u37uk3xuhvabb6yzwq.b32.i2p/) bluecabinet.info (https://bluecabinet.info) [

Figure 3.6 – Hidden Wiki

Tor ne se réduit pas à la navigation sur le Web. Certains compléments (dont *torsocks*) peuvent théoriquement anonymiser tous les logiciels utilisant le protocole TCP (mais pas UDP).

Le succès de Tor est impressionnant et il a dépassé les 5 millions d'utilisateurs au lendemain des révélations Snowden (voir section 1.1 page 130). Selon *metrics.torproject.org*, il y a quotidiennement plus de 2 millions de personnes qui utilisent le réseau (figure 3.7 page suivante) avec une bande passante de plus de 60 Gbit/s. Il existe plus de 30.000 sites cachés.

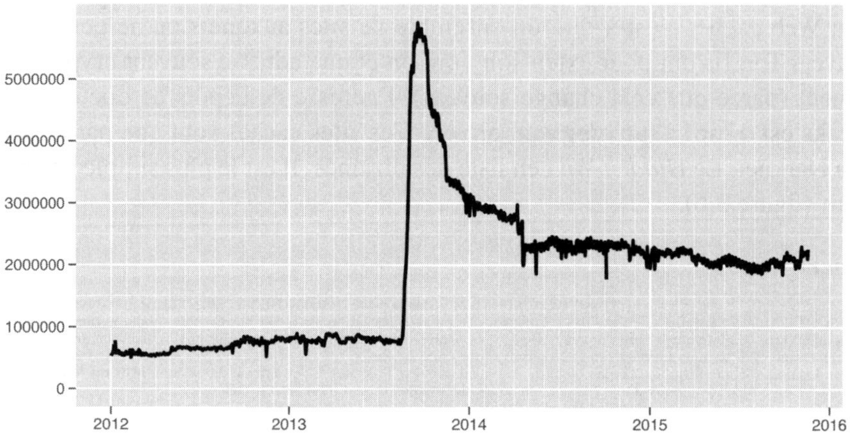

Figure 3.7 – Nombre d'utilisateurs de Tor par jour

Comment fonctionne le réseau Tor ?

Tor est une forme de mixnet : au lieu d'une connexion directe entre l'utilisateur et le serveur, on utilise un ensemble de relais, chacun ne connaissant que son prédécesseur et son successeur directs. Le serveur final ne voit que l'adresse du dernier relais, lequel ne connaissant que son prédécesseur, est dans l'incapacité d'identifier l'utilisateur (figure 3.8 page ci-contre). Pour garantir l'étanchéité des échanges entre relais, les connexions sont chiffrées et ce chiffrage est différent à chaque relais. On a ainsi un ensemble de couches de chiffrage, d'où la référence à l'oignon ! Tor utilise habituellement trois relais : le relais d'entrée, le relais central et le relais de sortie. L'échange entre ce dernier et un serveur du Clearnet n'est pas chiffré par Tor.

Tor n'est pas un protocole pair-à-pair puisqu'il utilise un ensemble spécifique de relais. N'importe quel utilisateur peut configurer son installation Tor pour qu'elle joue aussi le rôle de relais, mais les débits sont généralement trop faibles pour être réellement utiles. En pratique, les relais sont souvent de simples serveurs virtuels gérés par des volontaires bénévoles qui mettent de la bande passante à disposition du réseau. Les relais de sortie sont ceux qui apparaissent comme origine des éventuelles connexions douteuses. Pour bénéficier d'une protection juridique en cas de problème, ils sont généralement gérés par des structures associatives comme *torservers.net*, ou en France *nos-oignons.net*.

Les relais sont identifiés par un annuaire public (*atlas.torproject.org* par exemple). Cela permet à votre fournisseur d'accès d'être parfaitement informé du fait que vous utilisez le réseau. C'est aussi ce qui permet aux régimes autoritaires de contrôler ou bloquer ce type de trafic. Les fameuses boîtes d'espionnage qui doivent être mises en place par la récente loi sur le renseignement vont sans nul doute procéder à ce type de vérification. Bien que parfaitement légal, utiliser Tor attire l'attention. Pour éviter l'identification de l'usage, on peut le configurer pour qu'il utilise des relais *bridges*, qui sont des relais spécifiques non listés dans la base de données principale. On peut aller plus loin en activant le mode dit *Pluggable Transport* qui dissimule le trafic aux systèmes de *Deep Packet Inspection*. Ces précautions sont faillibles et il reste possible de repérer l'usage de Tor. Si cela pose un problème réel, on devra s'y connecter à travers un VPN.

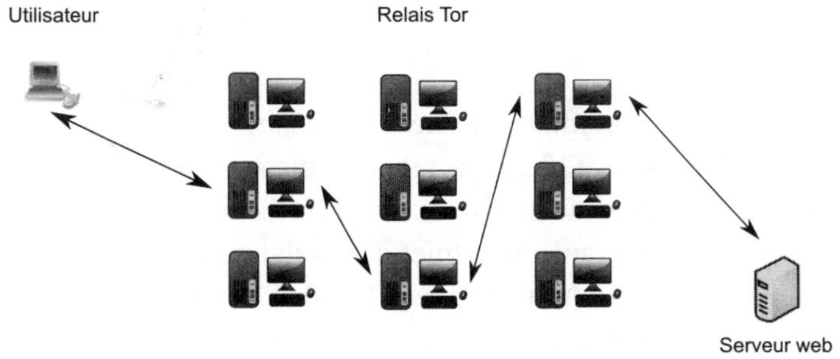

Figure 3.8 – Routage en oignons sur Tor

Utiliser Tor revient donc à créer un circuit chiffré qui, à travers un ensemble d'intermédiaires, relie l'utilisateur au serveur final (figure 3.9).

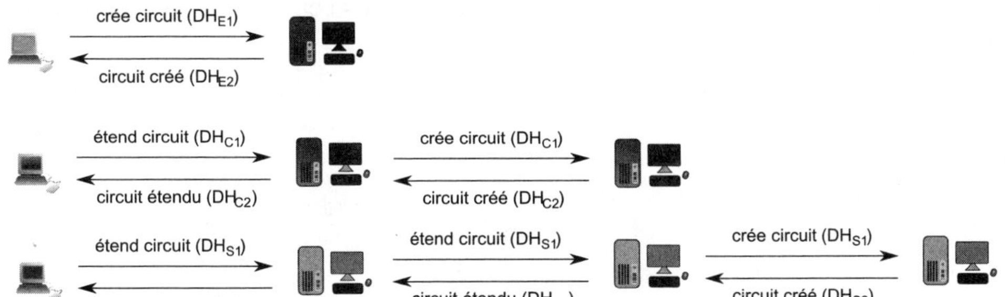

Figure 3.9 – Construction d'un circuit Tor

Dans un premier temps, l'utilisateur identifie un relais d'entrée, grâce à l'annuaire des relais et s'y connecte de manière sécurisée à travers une connexion SSL/TLS. Les échanges au sein du réseau Tor utilisent un chiffrage AES (voir page 32). Puisqu'il s'agit d'un protocole symétrique, l'utilisateur et le relais d'entrée doivent échanger une clé secrète. Ceci se fait grâce à un échange de Diffie-Hellman (voir page 62).

Est-il légal de gérer un relais Tor ?

La directive européenne 2000/31/CE du 8/6/2000 a été transposée en droit français dans l'article L32-3-3 du code des Postes et Communications Électroniques, qui dit :
Toute personne assurant une activité de transmission de contenus sur un réseau de communications électroniques, ou de fourniture d'accès à un réseau de communications électroniques, ne peut voir sa responsabilité civile ou pénale engagée à raison de ces contenus que dans les cas où, soit elle est à l'origine de la demande de transmission litigieuse, soit elle sélectionne le destinataire de la transmission, soit elle sélectionne ou modifie les contenus faisant l'objet de la transmission.
Gérer un relais Tor est parfaitement légal.

L'utilisateur communique la première moitié de l'échange (DH_{E1}) et reçoit en retour la seconde moitié (DH_{E2}). À ce stade, il partage une clé secrète avec le relais d'entrée.

On étend ensuite le circuit au relais central. L'utilisateur envoie au relais d'entrée une demande d'extension, qu'il transmet à un relais central, avant de relayer un nouvel échange de Diffie-Hellman (DH_{C1} et DH_{C2}). L'utilisateur partage alors une clé secrète avec le relais d'entrée et une autre clé secrète avec le relais central. Enfin, une seconde demande d'extension est envoyée, qui est transmise à un relais de sortie (DH_{S1} et DH_{S2}). L'utilisateur dispose maintenant de trois clés secrètes différentes, une vers chacun des relais. Le circuit est complètement construit et le relais de sortie peut acheminer les communications vers le serveur visé.

Pour transmettre les données, l'utilisateur les chiffre successivement avec les clés partagées respectivement avec le relais de sortie, le relais central et le relais d'entrée (figure 3.10).

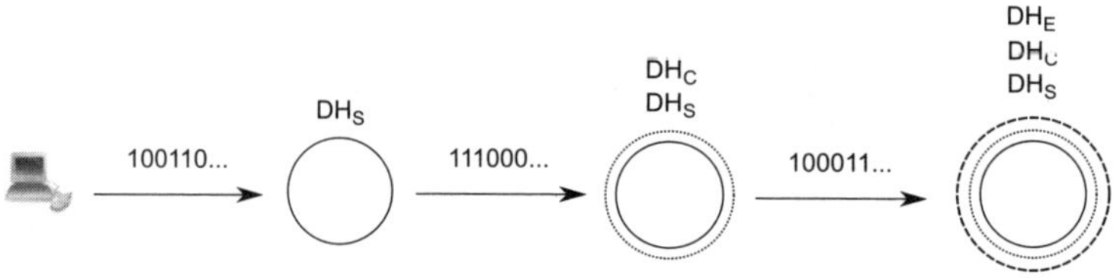

Figure 3.10 – Chiffrage des données

Ce dernier reçoit les données, déchiffre la dernière couche (la sienne donc), transmet au relais central, qui déchiffre la seconde couche, qui lui-même transmet au relais de sortie qui déchiffre la première couche. Seul le relais de sortie peut donc accéder aux données transmises (figure 3.11 page suivante).

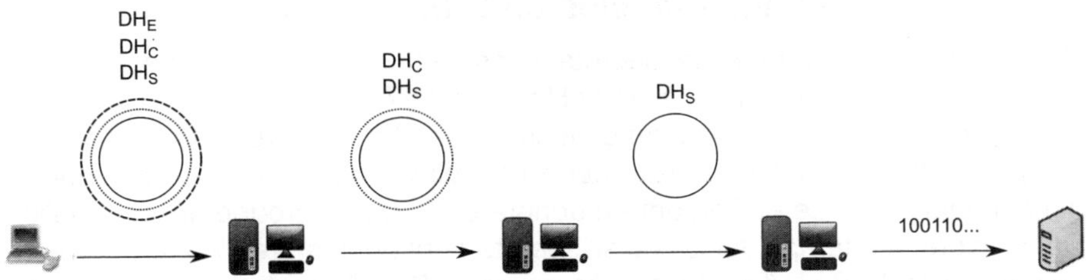

Figure 3.11 – Transmission et déchiffrage

Au retour, le système est simplement inversé avec trois chiffrages successifs que l'utilisateur déchiffre en allant du plus proche au plus lointain (figure 3.12).

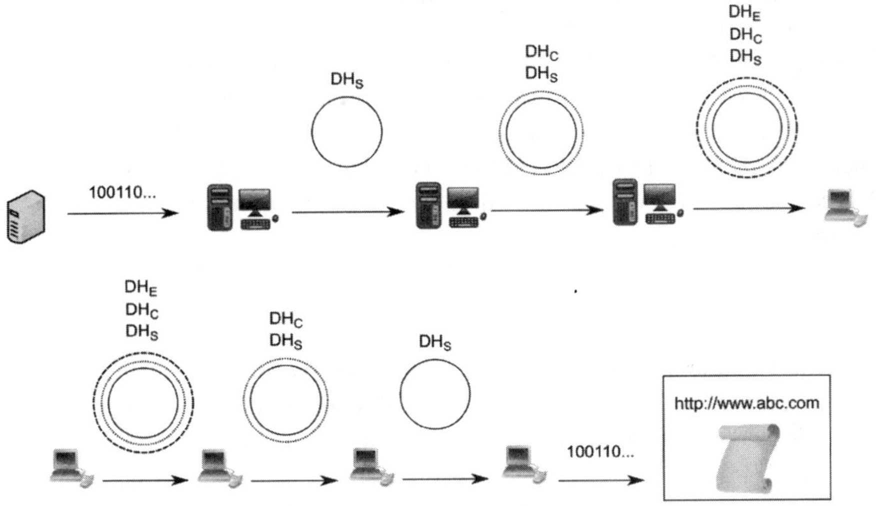

Figure 3.12 – Retour et déchiffrage des données

Tor est-il sûr ?

Tor est-il sûr ? A-t-on la certitude, quand on l'utilise, que l'on ne peut être tracé et identifié ? Internet est rempli d'articles expliquant avec force démonstrations qu'il serait une sorte de passoire qu'il convient d'éviter à tout prix. Comme toujours dans ces cas-là, on trouve tout et n'importe quoi, de l'article de fond aux fantasmes de théoriciens du complot, en passant probablement par les tentatives de manipulation de structures plus ou moins officielles.

Rien n'est jamais sûr. La première, et de loin la plus importante, des failles est comme toujours l'utilisateur.

L'erreur la plus commune est de naviguer avec Tor en utilisant un protocole en clair, comme le classique HTTP. Le système de chiffrage et routage en oignons est

L'échange de clés de Diffie-Hellman

Comment échanger une clé secrète sans risque ? C'est ce que propose l'échange de Diffie-Hellman [Diffie et Hellman, 1976b].
Le système repose sur le problème dit du « logarithme discret. » On considère un groupe fini, par exemple le groupe multiplicatif $(\mathbb{Z}/p\mathbb{Z})^{\times}$. On raisonnera donc modulo p. Alice et Bob ont un générateur g de ce groupe qui est public. Dans un premier temps, Alice choisit secrètement un nombre a entre 0 et $p-1$, puis elle calcule $\beta = g^a \bmod p$ qu'elle envoie à Bob. Bob choisit de même un nombre b entre 0 et $p-1$, calcule $\delta = g^b \bmod p$ et l'envoie à Alice. La clé K est $g^{ab} \bmod p$. Alice la retrouve facilement en élevant δ à la puissance a, soit $\delta^a = (g^b \bmod p)^a \bmod p = g^{ba} \bmod p$. De la même manière, il suffit à Bob d'élever β à a puissance b : $\beta^b = (g^a \bmod p)^b \bmod p = g^{ab} \bmod p$.
Cette fonction est facile à calculer, mais très difficile à inverser. Il n'existe pas à ce jour d'algorithme rapide pour résoudre le problème du logarithme discret (soit trouver n dans le groupe concerné quand on connaît a^n).
Prenons un exemple rapide. Soit $g = 3$ et $p = 15$. Alice choisit $a = 4$ et calcule $\beta = g^a \bmod p = 3^4 \bmod 15 = 6$. Elle envoie le résultat à Bob. Celui-ci choisit $b = 6$ et calcule $\delta = g^b \bmod p = 3^6 \bmod 15 = 9$ et envoie son résultat à Alice. Pour calculer la clé secrète K, Alice fait l'opération $K = \delta^a \bmod p = 9^4 \bmod 15 = 6$. Bob calcule $K = \beta^b \bmod p = 6^6 \bmod 15 = 6$. Chacun connaît maintenant la clé à utiliser.

très puissant. Confidentialité et anonymat y sont garantis par le fait que chaque partie prenante, chaque relais, ne peut accéder qu'aux données qui le concernent. Toutefois, il est essentiel de comprendre que les échanges ne sont pas chiffrés sur l'ensemble de la chaîne. Si l'on va sur le Clearnet, la sortie du dernier relais est nécessairement en clair [8] (figure 3.11 page précédente). Cette contrainte est incontournable, Tor ne pouvant en tant que tel négocier un échange chiffré avec un serveur qui n'a aucune raison de le connaître. C'est l'une des principales raisons de ces commentaires alarmants que l'on trouve sur les forums.

Pour montrer ce dont il s'agit et pour les besoins de cet ouvrage, j'ai monté un relais de sortie et l'ai observé [9] (figure 3.13 page ci-contre). On voit une connexion sur le récemment défunt *rapidshare.com*. Le login et le mot de passe sont parfaitement lisibles.

On a ici une démonstration claire, non pas d'une faiblesse du protocole Tor, mais bien de la méconnaissance des utilisateurs. En quelques dizaines de minutes d'observation, on peut récupérer nombre d'identifiants et de mots de passe, y compris sur certains serveurs webmails.

8. C'est évidemment différent si l'on va sur les sites en `.onion` où les connexions sont chiffrées sur toute la chaîne.

9. Ceci est naturellement contraire à la déontologie de Tor. Il s'agissait bien là d'une stricte approche académique et les données collectées ont été détruites.

```
0040  3e e1 9b d9 47 45 54 20  2f 63 67 69 2d 62 69 6e   >...GET /cgi-bin
0050  2f 72 73 61 70 69 2e 63  67 69 3f 73 75 62 3d 67   /rsapi.c gi?sub=g
0060  65 74 61 63 63 6f 75 6e  74 64 65 74 61 69 6c 73   etaccoun tdetails
0070  26 6c 6f 67 69 6e 3d 6a  6d 61 [redacted] 31 31 26   &login=j ma[redacted]1&
0080  70 61 73 73 77 6f 72 64  3d 6a 6d [redacted] 31 37   password =jm[redacted]17
0090  33 20 48 54 54 50 2f 31  2e 31 0d 0a 48 6f 73 74   3 HTTP/1 .1..Host
00a0  3a 20 61 70 69 2e 72 61  70 69 64 73 68 61 72 65   : api.ra pidshare
00b0  2e 63 6f 6d 0d 0a 55 73  65 72 2d 41 67 65 6e 74   .com..Us er-Agent
00c0  3a 20 4d 6f 7a 69 6c 6c  61 2f 31 35 2e 30 20 28   : Mozill a/15.0 (
00d0  57 69 6e 64 6f 77 73 20  4e 54 20 36 2e 31 3b 20   Windows  NT 6.1;
00e0  72 76 3a 31 37 2e 30 29  20 47 65 63 6b 6f 2f 32   rv:17.0)  Gecko/2
00f0  30 31 30 30 31 30 31 20  46 69 72 65 66 6f 78 2f   0100101  Firefox/
0100  31 37 2e 30 0d 0a 41 63  63 65 70 74 3a 20 2a 2f   17.0..Ac cept: */
```

Figure 3.13 – Capture de données d'un relais de sortie en clair

Comme les données de sortie sont en clair au regard du réseau Tor, la communication entre l'utilisateur et le serveur final doit être chiffrée. Pour une connexion web, il est fondamental de s'assurer que l'on est bien sur un protocole HTTPS (SSL/TLS). Le résultat est alors très différent (figure 3.14) et empêche de récupérer des données confidentielles ou permettant de lever l'anonymat. C'est pour tenter de pallier ce risque que le *Tor Browser* intègre l'extension HTTPS *Everywhere* de l'EFF qui, quand le serveur le permet, active automatiquement le protocole sécurisé.

```
00b0  18 ba ac 08 9e 23 09 8d  18 19 ab 3f 67 bf 54 3a   .....#.. ...?g.T:
00c0  23 10 8d c8 73 75 96 e3  ac 4f bf 1a ac e6 36 ce   #...su.. .O....6.
00d0  f7 92 47 06 b0 02 d6 d7  51 90 d7 81 9d e9 84 5c   ..G..... Q......\
00e0  5c 24 eb 6a 35 22 eb a6  4d a5 36 aa 9c ff 9f 2b   \$.j5".. M.6....+
00f0  5b d2 ab 2d f3 3b 74 64  b2 5c c7 0d 2e e1 84 6d   [..-.;td .\.....m
0100  77 f7 16 10 1b 1c 31 3f  38 6a 03 1e 95 2c c5 3c   w.....1? 8j...,.<
0110  fb 64 ce ef 0f 84 15 63  04 f0 07 9a 10 f0 6a d4   .d.....c ......j.
0120  b1 1b 8f 2e 2f 93 ed 25  68 53 f8 71 fb b6 33 f4   ..../..% hS.q..3.
0130  9d f8 c6 77 44 a8 3e 44  28 41 6e 5d ca 53 08 2f   ...wD.>D (An].S./
0140  a3 3e 74 b0 08 a8 d8 00  d9 86 92 1e 4b fe fc 86   .>t..... ....K...
0150  48 3a f0 2a 1e 59 38 b7  3c 6f ba fc fc cd f0 31   H:.*.Y8. <o.....1
0160  85 3a 62 84 c8 cd 3f 0d  c6 2a c4 dc 50 b7 99 d2   .:b...?. .*..P...
0170  dd 1e b0 53 0d f6 ca 6c  8a c3 27 f4 03 f1 08 0a   ...S...l ..'.....
```

Figure 3.14 – Capture de données d'un relais de sortie chiffré

Autre erreur courante, l'activation de *JavaScript* qui ouvre la porte à des failles susceptibles de compromettre l'anonymat. Lors de l'affaire *Freedom Hosting* (voir section 5 page 74), c'est une faille JavaScript qui aurait été utilisée. Là encore, le Tor Browser intègre une extension dédiée (*NoScript*).

Au-delà de ces bonnes pratiques, la question est posée de la sécurité intrinsèque du réseau. En pratique, rien ne peut être absolument garanti, ne serait-ce que parce que la taille du réseau reste relativement modeste. Au printemps 2015, il comptait un peu plus de 6.000 relais. Parmi eux à peine plus d'un millier de relais de sortie, dont une partie gérée par divers services de renseignement. Il est probablement possible pour les grandes organisations d'identifier l'activité d'une cible. Si les précautions nécessaires sont prises, il leur est en revanche certainement difficile de connaître le contenu des échanges chiffrés.

Tor n'est pas infaillible et l'on découvre régulièrement de nouvelles formes d'attaques, mais les moyens nécessaires à une éventuelle levée de l'anonymat sont extrêmement lourds et sans garantie de succès. Si l'on en croit les lanceurs d'alerte, en particulier Julian Assange et Edward Snowden, Tor est un outil en qui on peut avoir confiance.

La sécurité totale ne peut être assurée, mais s'il est correctement utilisé, Tor peut être considéré comme sûr. Sa structure même, open source et la masse des travaux de recherche qui y sont consacrés, sont des gages certains de sécurité. Le code est régulièrement testé et audité par des chercheurs et autres experts en sécurité afin d'en assurer l'efficacité.

En ce sens, les dissidents de nombreux pays qui utilisent le réseau peuvent certainement s'y appuyer. Quant à ceux qui se livrent à des activités illégales plus classiques, l'affaire *Silk Road* est instructive. Ouvert en juin 2011, le célèbre site de ventes de stupéfiants n'a pu être fermé une première fois qu'en octobre 2013. Rapidement rouvert, il n'a été fermé qu'en novembre 2014, non pas grâce à l'exploitation d'une faille dans le système, mais en s'appuyant sur des méthodes policières classiques. C'est là une bonne démonstration de la fiabilité réelle du réseau, au moins au regard des autorités policières.

3.3 Freenet

Freenet a été proposé en 1999 par Ian Clarke, alors étudiant en informatique à l'Université d'Édimbourg [Clarke, 1999]. Sa thèse commence par la célèbre citation de Mike Godwin, le premier avocat de l'EFF : « Je m'inquiète pour mon enfant et Internet tout le temps, même si elle est trop jeune pour s'y être déjà connectée. Voilà ce qui m'inquiète. Je m'inquiète que d'ici 10 ou 15 ans, elle vienne me voir et me dise : "Papa, où étais-tu quand ils ont supprimé la liberté de la presse sur Internet ?" »

Le contexte est clair, il s'agit de proposer un système qui garantisse l'anonymat et préserve la liberté d'expression. Il doit satisfaire cinq objectifs [Clarke *et al.*, 2001] :

— L'anonymat doit être garanti aussi bien pour ceux qui accèdent à l'information que pour ceux qui la produisent.

— Ceux qui stockent l'information doivent pouvoir nier en avoir connaissance.

— Le système doit résister aux tentatives de tiers qui voudraient bloquer l'accès à l'information.

— Le système dynamique de stockage et de routage doit être efficace.

— Les fonctions réseau doivent être décentralisées.

Freenet est un réseau très différent de Tor en ce sens qu'il constitue un écosystème pair-à-pair fermé. Alors que Tor permet de surfer anonymement sur le Web ouvert, Freenet est limité aux seuls membres de son réseau. Il va plus loin encore depuis la version 0.7 (2008) qui propose un mode *Friend to Friend* (F2F). Reposant sur un *Web Of Trust* (voir section 3 page 35), ce mode permet de créer des groupes d'« amis, » ou de personnes de confiance. Les échanges sont alors limités aux seuls membres.

Comment accéder à Freenet ?

L'accès à Freenet est simple, on charge le logiciel sur *freenetproject.org* et on l'installe. Il démarre alors un programme résident, basé sur Java, et l'on peut accéder au réseau avec son navigateur par l'adresse 127.0.0.1:8888 [10] (figure 3.15).

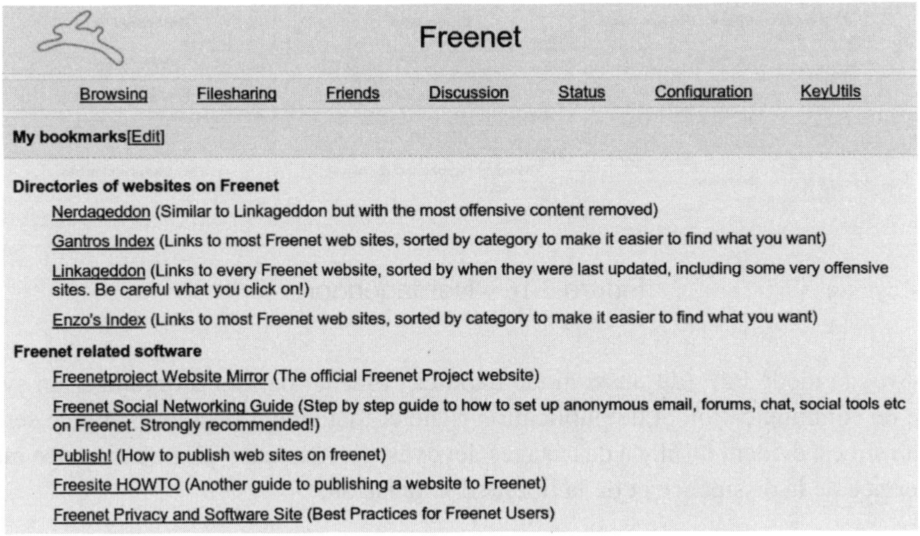

Figure 3.15 – La page d'accueil de Freenet

La page d'accueil présente des liens vers les principaux annuaires de Freenet, comme *Nerdageddon*, qui recensent les *freesites* destinés aux « political nerds » (figure 3.16 page suivante).

Freenet n'est pas limité à l'accès aux sites web dédiés et il propose un certain nombre d'extensions, que l'on trouve dans le menu `Configuration` de la page d'accueil.

- *Freemail* permet d'avoir une boîte mail anonyme sur Freenet, que l'on peut utiliser aussi bien en webmail qu'avec son client habituel (Thunderbird, etc.).
- *Floghelper* est un outil de création de blogs sur Freenet (on les appelle des *Flogs*).
- *Frost* permet de construire une sorte de messagerie de type newsgroup pour échanger aussi bien des messages que des fichiers.
- *Flip* est une extension IRC.
- *JSite* permet de publier des sites web sur le réseau Freenet.

On dispose ainsi d'un écosystème entier dédié à la publication et à l'échange anonyme. Le tout étant relativement simple à utiliser.

10. C'est-à-dire que l'on va rentrer http://127.0.0.1:8888 dans la barre d'adresse du navigateur.

Figure 3.16 – Nerdageddon

Avec le mode F2F (dit aussi mode darknet), Freenet permet d'organiser un système de communication et de publication riche et totalement occulte [11]. En ce sens, même s'il est évident qu'il y a des usages dévoyés, c'est un outil d'une puissance rare au service de la dissidence et de la liberté d'expression.

Comment fonctionne Freenet ?

Freenet est un système de stockage et de diffusion décentralisé, conçu pour garantir l'anonymat et la sécurité des données [Clarke *et al.*, 2002], en ce sens qu'il n'est pas possible de supprimer volontairement un contenu qui appartient à quelqu'un d'autre. C'est une sorte de mix entre Gnutella, Tor et BitTorrent.

Freenet est un système pair-à-pair où chacun contribue à stocker et à diffuser des données. Il est différent de Tor qui est basé sur des relais dédiés et où l'utilisateur ne contribue pas forcément directement au fonctionnement du réseau. Quand on se connecte à Freenet, on devient automatiquement partie prenante de son infrastructure et une fraction de son disque dur et de sa bande passante lui seront désormais dédiés.

Le réseau utilise un système de clés qui permettent d'identifier les fichiers [12]. Il en existe différents types afin de conférer une certaine souplesse d'utilisation, dont la CHK (*Content Hash Key*) qui permet une identification non ambiguë (ou presque), puisque calculée sur le contenu du fichier (voir section 2.1 page 95). Chaque nœud maintient une table de routage qui contient une liste de clés et les identifiants des nœuds qui les stockent. Le système de routage associé est particulier et très élégant.

11. D'autant plus que dans ce mode, la détection de l'usage de Freenet semble difficile

12. Une adresse Freenet ressemble à ca :
`http://127.0.0.1:8888/USK@oRy7ltZLJM-w-kcOB1iZs1pkA8P-axZ3BPiiqkmfkOE,6a1KFG6S--Bwp6E-MplW52iH Y3La6GigQVQDeMjI6rg,AQACAAE`

Quand on veut déposer un fichier sur Freenet, le système commence par calculer la clé correspondante. Il vérifie ensuite sur son propre nœud si la clé existe déjà. Si ce n'est pas le cas, il va chercher dans sa table de routage la clé la plus proche [13] et transmettre la demande au nœud correspondant. Le processus se poursuit jusqu'à ce que l'on ait atteint le nombre de sauts maximum. Si aucune collision ne s'est produite, on considère que le fichier n'existe pas dans le réseau et qu'en conséquence on peut le stocker sur le dernier nœud, celui qui gère les clés les plus proches. Le fichier est alors propagé et stocké et les tables de routage sont mises à jour sur chacun des nœuds du chemin qui vient d'être construit. Avec ce système, les pairs tendent à regrouper des clés similaires et se spécialisent ainsi dans un sous-ensemble de l'espace des clés.

Quand on veut charger un fichier, on commence par en chercher la clé (par exemple pour un freesite en utilisant l'un des annuaires que propose Freenet comme *Nerdageddon*). Le système consulte son propre nœud et, si la requête n'aboutit pas, il transmet la recherche au nœud qui contient la clé la plus proche. Quand le fichier est trouvé, il est renvoyé et éventuellement stocké le long de la chaîne jusqu'au demandeur qui va mettre à jour sa table de routage, en associant la clé au pair qui a renvoyé le fichier. Afin de garantir l'anonymat, chaque nœud du chemin de retour peut se présenter comme l'hébergeur.

Ce mécanisme permet une forme d'auto-organisation du routage, et c'est là toute sa beauté. Un nœud sera d'autant plus sollicité qu'il contient des clés proches de celles que l'on recherche. Il va ainsi se spécialiser dans un type de clés et construire une table de routage de plus en plus pertinente pour elles. Ensuite, les nœuds vont tendre à se spécialiser dans le stockage de fichiers ayant des clés proches, puisque les fichiers sont chargés sur les nœuds appartenant aux chemins pertinents. On a ainsi un auto renforcement de la spécialisation qui assure une amélioration continue de l'efficacité de la recherche [14].

Enfin, ce système fait que les fichiers souvent consultés sont recopiés un grand nombre de fois par la mise en cache le long des chemins pertinents. *A contrario*, les fichiers qui sont peu demandés sont progressivement supprimés du système. Quand l'espace de stockage est plein, on supprime les fichiers les moins utilisés pour faire de la place aux nouveaux.

L'anonymat est préservé dans Freenet grâce à deux types de mécanismes :

- Chaque nœud ne connaît que son prédécesseur et son successeur et rien ne permet de distinguer le nœud qui initie la transaction ou celui qui héberge le fichier recherché. Quand il transmet une donnée, le nœud ne sait pas si c'est à un client final ou à un nœud de transfert.
- Les fichiers sont chiffrés. Il n'est donc pas possible à l'hébergeur de savoir ce que son propre disque contient. Le seul moyen de lire ces données est en

13. On note que c'est la proximité lexicographique des clés qui est prise en compte, cela n'a pas de rapport avec la proximité des contenus.

14. Le système évolue comme un « petit monde » au sens du paradoxe de Milgram.

Routage dans Freenet

Le routage dans Freenet associe une forme d'auto-organisation, avec la constitution de clusters spécialisés dans un sous-ensemble de l'espace des clés, et une recherche de type *hill-climbing*. Il s'agit d'une méthode classique d'optimisation numérique qui consiste, pour atteindre un sommet, à suivre toujours la ligne de plus forte pente. Cela a l'avantage de la simplicité, mais on peut alors rester coincé sur un sommet local alors que la cime est plus loin [Collet et Rennard, 2006].
La recherche se fait en interrogeant le nœud qui contient la clé la plus proche de celle que l'on recherche. Si un nœud ne peut répondre parce qu'il est arrêté ou si une boucle se forme durant la recherche, la requête sera transmise au second nœud le plus proche et ainsi de suite. La figure suivante (figure 3.17) [a] montre une recherche typique. L'utilisateur envoie une demande au nœud a qui la transmet à b qui l'envoie à c. Le nœud c ne pouvant contacter un autre nœud, il renvoie un message d'échec à b qui décide de transférer à son second choix e. Le nœud e transmet la demande à f pour qui le meilleur choix est b. Le nœud b détecte alors une boucle et envoie un message d'échec à f. Le nœud f n'ayant pas d'autre choix renvoie un message d'erreur à e qui transfère à son second choix d. Le fichier ayant été trouvé, le nœud d le renvoie à e qui le passe à b puis à a qui le transfère à l'utilisateur.

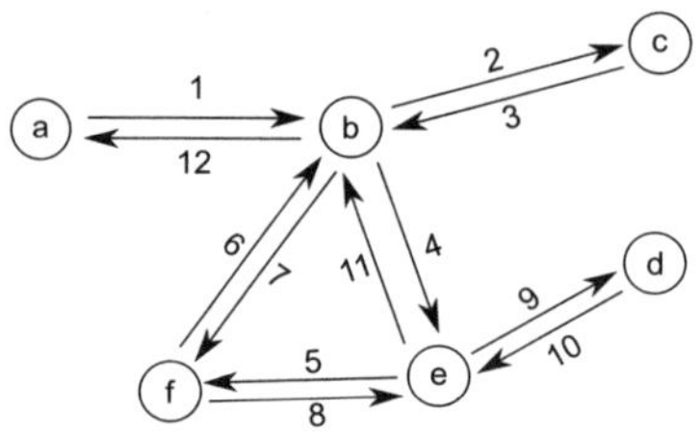

Figure 3.17 – Routage d'une recherche sur Freenet

a. D'après [Clarke *et al.*, 2001].

théorie d'interroger le réseau pour obtenir la clé, mais alors, on n'a aucun moyen de savoir si le fichier reçu vient de son propre nœud ou d'ailleurs. On ne peut donc être soupçonné d'héberger en toute connaissance certains fichiers éventuellement illégaux. C'est une forme de déni plausible. Freenet accomplit l'exploit de permettre un accès général à des données chiffrées, tout en garantissant la sécurité des hébergeurs.

Freenet connaît un certain succès avec 15 à 20.000 nœuds actifs à chaque instant et une capacité de stockage de plus de 150 To. On est naturellement très loin de Tor, mais le public visé est différent. Si Tor est d'abord utilisé pour anonymiser le surf sur le Web, Freenet fournit tout un écosystème de communication et de publication, du site web aux mails en passant par les forums et les messageries.

La diffusion de Freenet est ralentie par le fait que son usage nécessite patience et volonté. Quand on recherche un freesite, on ne se connecte pas directement à un serveur, mais on passe par un ensemble de nœuds, souvent hébergés par des particuliers, donc ayant une bande passante limitée. Consulter une page web peut prendre plusieurs minutes.

Freenet est un outil d'une puissance rare, basé sur des principes d'une grande élégance. À ce jour, il reste néanmoins cantonné à des usages spécifiques où la préservation de l'anonymat est essentielle. D'une mise en œuvre un peu délicate et d'un usage assez peu convivial, il ne saurait être ce substitut à l'Internet ouvert que certains appellent de leurs vœux. Il est en revanche irremplaçable pour les groupes qui ont besoin d'un écosystème de communication occulte.

3.4 I2P

À la différence de Tor ou de Freenet, qui ont tous deux une origine académique, *I2P* (*Invisible Internet Project*), sortie fin 2003, est une pure initiative de la communauté du libre. Le développeur qui en est à l'origine n'est ainsi connu que par son pseudo : *Jrandom*.

I2P propose une couche réseau et fonctionne comme un simple proxy. Il peut donc être utilisé facilement pour tout un panel d'outils, de la publication web aux messageries instantanées en passant par le partage de type BitTorrent. Il suffit que l'application accepte l'usage d'un proxy. Il offre une interface de programmation (API) et tout développeur peut écrire une extension pour I2P. C'est ce qui fait la richesse de cet écosystème. À l'instar de Freenet, il est essentiellement dédié aux connexions internes aux utilisateurs I2P, même s'il permet également d'aller anonymement sur le Clearnet.

Comment accéder à I2P ?

I2P étant basé sur Java, il existe aussi bien pour Windows et Mac OS que pour Linux ou Android. Sans être difficile, l'accès est un peu moins convivial que pour Tor ou Freenet. Après l'avoir chargé (*https://geti2p.net/fr/download*) et installé, on doit configurer sa box ou son routeur en ouvrant certains ports. Les versions récentes sont un peu plus simples puisqu'elles peuvent fonctionner simplement en activant l'UPnP, (c'est souvent le cas par défaut sur les box [15]) un protocole destiné à la diffusion de l'audio ou de la vidéo sur un réseau local.

On peut ensuite lancer I2P, ce qui ouvre le navigateur et donne accès à un ensemble de services (figure 3.18 page suivante).

15. Ce qui, par ailleurs, n'est pas particulièrement recommandé, l'UPnP ayant connu de lourds problèmes de sécurité.

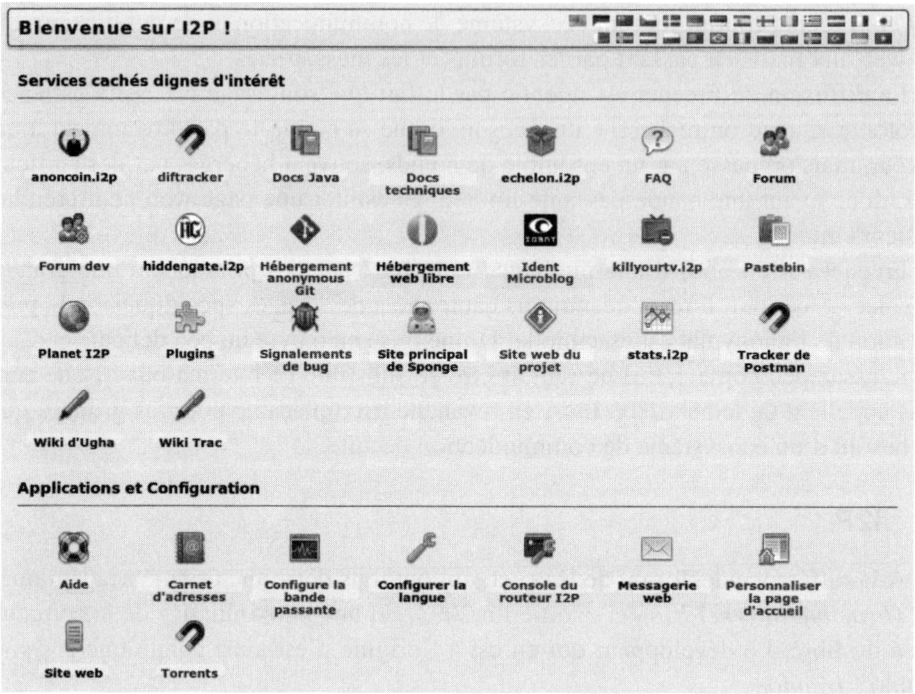

Figure 3.18 – Page d'accueil d'I2P

En se comportant comme un proxy, I2P présente l'avantage d'être transparent pour les applications qu'il convient juste de configurer en conséquence.

Après avoir paramétré son navigateur pour qu'il utilise le proxy I2P, on peut accéder à son Web caché, les *eepSites*, des sites web anonymes en `.i2p`. Publier son propre *eepSite* est très simple. Il est également possible d'aller sur le Clearnet en utilisant un *outproxy* (un routeur qui implémente cette fonctionnalité comme *false.i2p*).

La page d'accueil d'I2P donne accès à de nombreuses extensions complémentaires permettant l'échange de fichier Gnutella (*I2Phex*) ou eMule (*IMule*), ou encore la création de forums ou de blogs (*Syndie*, *Pebble*). On peut de même héberger (et sauvegarder) ses fichiers de manière décentralisée grâce à *Tahoe-LAFS-I2P* qui fournit une interface I2P au service Tahoe-LAFS. Une messagerie instantanée est également disponible (*I2P Messenger*).

Dans les dernières versions, certaines extensions sont installées par défaut et permettent d'accéder directement au webmail ou à *I2PSnark*, un client BitTorrent.

Comment fonctionne I2P ?

I2P est un système pair-à-pair décentralisé. Les connexions entre pairs ne se font pas sur la base d'une IP, mais utilisent des identifiants cryptographiques. Les connexions sont basées sur la construction de *tunnels* unidirectionnels (entrants ou sortants) qui construisent un chemin entre les deux extrémités de la connexion. Le routage se fait grâce à une base de données distribuée (*netDB*) qui recense les nœuds et leurs propriétés.

Quand Alice veut communiquer avec Bob, elle construit un tunnel sortant qui relie un certain nombre de pairs (routeurs). Le dernier routeur du tunnel de sortie se connecte à un routeur d'entrée du tunnel entrant de Bob. Au retour, c'est le tunnel sortant de Bob qui se connecte au tunnel entrant d'Alice (figure 3.19).

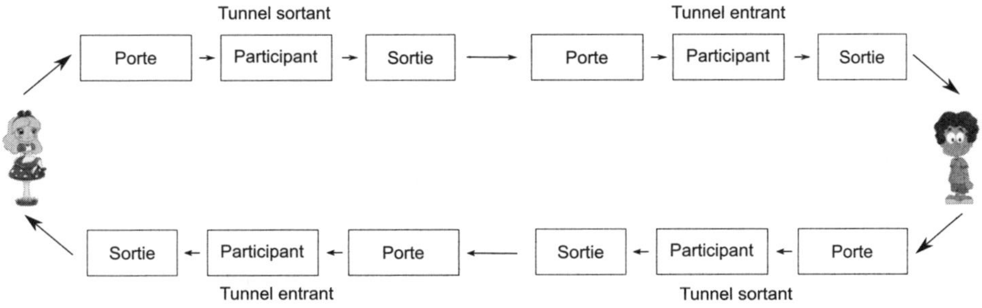

Figure 3.19 – Tunnels I2P

I2P est un système totalement décentralisé qui utilise un chiffrage en couche. Les communications sont chiffrées de bout en bout. En conséquence, on reste cantonné au seul réseau I2P. Quand on utilise un *outproxy* (un nœud acceptant les connexions avec le Clearnet), le dernier point de connexion est naturellement en clair, on doit donc suivre les mêmes précautions qu'avec Tor (figure 3.13 page 63).

Il est difficile d'avoir une estimation précise du niveau réel de sécurité d'I2P. Comme tous les systèmes de ce type, il reste notamment vulnérable à des attaques globales. De manière générale, I2P, pas plus que les autres systèmes d'anonymisation ne saurait être inviolable [Egger *et al.*, 2013], mais les efforts nécessaires sont tels qu'à moins d'être ciblé par une organisation puissante, le risque lié au système en lui-même est certainement très faible. Le fait qu'il soit intégré à Tails est un gage de sécurité.

I2P reste à ce jour un outil très autocentré. Il rassemble une communauté dynamique et il y a actuellement selon *stats.i2p* entre 30.000 et 35.000 routeurs actifs (figure 3.20 page suivante). La tendance est croissante, mais cela reste faible au regard des millions d'utilisateurs de Tor.

Une étude de 2012 [Timpanaro *et al.*, 2012] montre que le partage de fichier (principalement via I2PSnark) représente environ 30 % de l'usage, avec des pointes à près de 40 % le week-end (ce qui est classique pour le partage de fichiers). Avec environ 240 serveurs ouverts en moyenne, l'hébergement d'eepSites représente quelques 23 % de l'usage d'I2P. À la fin du mois de novembre 2015, environ 4 200 eepSites existaient, mais à peine plus de 300 étaient ouverts à un instant *t*.

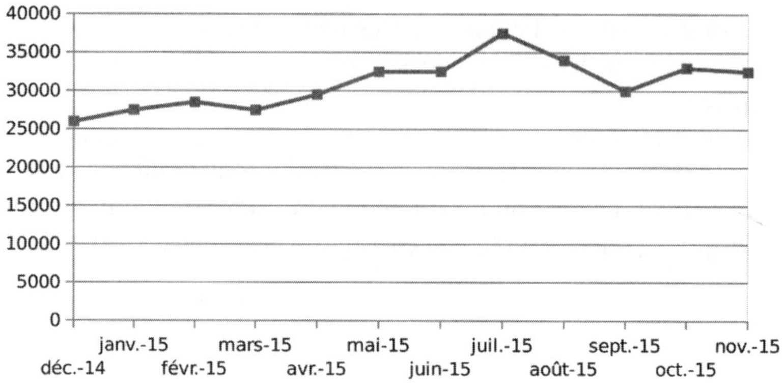

Figure 3.20 – Nombre de routeurs I2P

Le chiffre de 300 serveurs montre bien les limites actuelles de l'usage d'I2P. Il reste un système essentiellement dédié à une communauté donnée. L'accès aux ressources est très variable selon les moments et le nombre de personnes connectées. D'un jour sur l'autre, des ressources disponibles la veille ne le sont plus, avant de le redevenir le lendemain. Pourtant, sa philosophie est élégante et, une fois les quelques idiosyncrasies maîtrisées, il est d'un usage simple, voire transparent. Il est en outre globalement plus rapide que Freenet.

4. Au-delà des classiques

Le domaine est très actif et de nouveaux systèmes apparaissent régulièrement. Arrêtons-nous rapidement sur quelques projets importants.

4.1 GNUnet

GNUnet (*gnunet.org*) est le système d'anonymisation proposé par le projet GNU. Lancé dès 2001, il reste d'un usage délicat et, même s'il peut être installé sous Windows, il est d'abord dédié à Linux.

C'est un réseau pair-à-pair anonyme qui supporte le F2F. Les nœuds y sont identifiés par leur clé publique. Il se veut très ambitieux, car apte à supporter une attaque globale. On notera trois particularités importantes :

- Il alloue ses ressources en fonction du niveau de participation du nœud. Un nœud actif disposera d'une plus grande bande passante qu'un nœud dormant.
- Des procédures spécifiques rendent l'activité des nœuds indistinguables. Il est extrêmement difficile de savoir si un nœud transfère une donnée ou en fait usage pour lui-même. En bref, on ne sait pas qui utilise ou fournit les données.

— Il implémente une sorte de DNS spécifique, le GNS (GNU Name System) où l'identification des domaines en .gnu se fait par des clés privées.

Aujourd'hui, GNUnet offre en théorie des services puissants, comme la communication vocale, mais dans les faits, il est d'abord un outil de partage de fichiers.

4.2 Retroshare

Retroshare (*retroshare.sourceforge.net*) a actuellement le vent en poupe. Doté d'une interface conviviale, il s'installe aisément sur tous les systèmes et peut s'utiliser facilement à travers Tor. Retroshare est un réseau chiffré de type F2F où l'identification utilise le standard OpenPGP (GPG). On ne peut donc communiquer qu'avec ses amis. Il permet toutefois le *Turtle Hopping*, c'est-à-dire que l'on peut partager non seulement avec ses amis directs, mais aussi avec les amis des amis. Aujourd'hui, Retroshare offre :

— Le partage de fichiers.
— La messagerie instantanée (des canaux dédiés permettent de trouver ses premiers amis).
— Les forums.
— Les mails.
— Les communications voix et vidéo.

4.3 Les réseaux Mesh

Un réseau mesh (ou réseau maillé) est un réseau local pair-à-pair où chaque nœud contribue au routage des données. Leur mise en place ne nécessite pas un accès à internet et c'est là leur principal intérêt. Basés sur des technologies radios (Wi-Fi, WiMax, Bleutooth, etc.), les réseaux mesh se construisent comme des formes de réseaux *ad hoc*, qui permettent une connexion directe entre les nœuds. Les connexions sont conçues de telle manière que, grâce à des systèmes adaptatifs, si un ou plusieurs nœuds disparaissent, la connectivité est spontanément rétablie.

Cette technologie n'est pas nouvelle. Elle a d'abord été développée à des fins militaires, car, n'ayant pas de centre, un tel réseau est extrêmement résilient. Elle est maintenant souvent utilisée en cas de catastrophe naturelle [Yarali *et al.*, 2009], comme à Haïti après le tremblement de terre de 2009. On sait à quel point la communication est importante dans ces circonstances. La capacité à mettre en place rapidement un nouveau réseau est un atout certain.

Plusieurs applications dédiées à ces situations sont maintenant disponibles. On citera *LDLN* (*ldln.co*) ou le projet libre *LifeNet* (*thelifenetwork.org*) qui « permet à des appareils grand public, comme des ordinateurs portables, des téléphones Android ou des routeurs autonomes, de construire instantanément un réseau Wi-Fi *ad hoc* sans aucune infrastructure. » Le projet *SolarMesh* [16] propose d'utiliser des bases alimen-

16. *owl.eng.mcmaster.ca/ todd/SolarMESH*, vu le 20/9/2015.

tées par l'énergie solaire. Le projet *Byzantium* (*project-byzantium.org*) est à l'origine d'une distribution Linux live dédiée.

Ces réseaux sont également utilisés pour donner l'accès à internet à des zones rurales dans les pays développés ou à des zones reculées dans les pays en développement. Un ou plusieurs accès internet peuvent alors être facilement partagés entre l'ensemble des utilisateurs.

Mais c'est surtout leur usage militant qui a fait leur notoriété. *FireChat* (*opengarden.com/firechat*), une application pour Android et iOS, a acquis ses lettres de noblesses lors des manifestations de Hong Kong en 2014. Craignant que les autorités ne coupent l'accès internet, les manifestants ont utilisé cet outil de messagerie instantanée pour communiquer sans être dépendants des grands réseaux nationaux. Les participants aux printemps arabes ou les zadistes français en sont également friands.

Hyperboria (*hyperboria.net*) (qui est la suite du *Projet Meshnet*) est un projet open source original basé sur CJDNS, un protocole conçu pour garantir la confidentialité des échanges. Il assure une connexion chiffrée de bout en bout, aussi bien sur ordinateur que sur smartphone. Hyperboria fait partie de ces projets qui visent à préserver la liberté d'Internet en formant un réseau totalement décentralisé : « Ultimement, nous espérons construire une alternative viable à l'internet habituel. »

Pour certains, les réseaux mesh sont l'avenir d'internet. Totalement décentralisés, ils seraient le moyen idéal de garantir la neutralité du net. Peut-être sera-ce le cas. Les grands programmes de Google (on pense notamment au projet *Loon* de diffusion d'internet par ballons) ou de Facebook, qui visent à donner l'accès à internet à l'ensemble de la planète, intègrent une dimension mesh. Toutefois, aujourd'hui ces réseaux ne sont réellement utilisables qu'avec un nombre relativement faible d'utilisateurs. Le routage notamment y reste très peu efficace au regard du routage traditionnel. Personne ne peut dire la place qu'ils prendront demain, tant dans le Darknet qu'ailleurs, mais il est clair que c'est une technologie prometteuse et d'ores et déjà un outil incomparable d'organisation de groupe.

5. Les mails anonymes

Paradoxalement, les e-mails sont l'un des outils de communication les moins sécurisés sur internet. Quoi de plus personnel pourtant que ces échanges ? Qui accepterait que l'on ouvre son courrier avant qu'il soit délivré ? Pour autant, c'est pratique courante. Les grands fournisseurs, Google en tête, « lisent » nos mails afin de mieux nous cibler. Il s'agit naturellement d'une lecture automatique, il n'y a pas à Mountain View ou ailleurs une armée de petites mains chargées d'espionner notre correspondance, ce sont bien sûr des robots qui sont à l'œuvre. Cela montre toutefois que nos mails sont parfaitement lisibles par des tiers.

Représentatifs du désintérêt porté au secret de la correspondance, non seulement nos mails sont souvent stockés en clair chez notre fournisseur, mais les échanges eux-mêmes ne sont généralement pas chiffrés. Alors que l'usage du protocole SSL/TLS se généralise sur le Web, tous les fournisseurs de services mails n'autorisent pas son équivalent (STARTTLS) et, même quand c'est le cas, cela nécessite de prendre le temps de configurer spécifiquement son client mail.

La situation est encore compliquée par le fait que les autorités apprécient peu les mails anonymes. Si l'on peut toujours communiquer anonymement sur Freenet et I2P, Tor Mail n'est plus disponible depuis août 2013. Il s'est arrêté à la suite d'une opération du FBI qui, dans le cadre d'une enquête sur un réseau pédophile, a attaqué *Freedom Hosting*, un service spécialisé dans l'hébergement de sites Tor (localisé en France). Les autorités américaines semblent avoir récupéré un certain volume de données durant l'enquête, grâce à l'utilisation d'une faille dans les Tor Browser qui n'avaient pas été mis à jour. Sensiblement au même moment, *Lavabit*, un système de mails chiffrés utilisé notamment par Edward Snowden, a préféré fermer ses portes plutôt que de donner la clé cryptographique qu'exigeait la justice américaine et qui lui aurait ouvert les communications de ses 400.000 membres revendiqués. *Silent Mail*, un service sécurisé, a également dû fermer à ce moment-là.

5.1 les boîtes mails anonymes

Quand on utilise l'adresse mail donnée par son FAI, même si on lui donne un libellé cryptique, son identité réelle est naturellement connue. Pour créer une boîte anonyme, il faut d'abord passer par un prestataire qui ne demande pas d'informations personnelles. Les contraintes réglementaires font que cela n'est pas la règle générale et l'on demandera habituellement un numéro de téléphone pour valider la création du compte.

Il convient ensuite que le fournisseur accepte les connexions Tor (ou autres), de manière à ce que l'on ne puisse pas remonter à l'IP d'origine.

Enfin, les services de qualité étant généralement payants, il faut que les moyens de paiements anonymes, typiquement les Bitcoins, soient acceptés.

Dans un article qui faisait suite à l'affaire Petraeus [17], l'EFF a présenté la démarche à suivre, qui est élémentaire [18] :

- Installer Tor.
- Ouvrir un compte chez un prestataire qui accepte Tor et qui ne travaille qu'en SSL/TLS, comme *Hushmail* ou *mailbox.org*.

Rien de compliqué donc, bien au contraire. En revanche, il est essentiel que toutes les connexions ultérieures passent par Tor. Il suffit de consulter une seule fois son courrier sans l'activer pour que l'anonymat soit définitivement levé !

17. David Petraeus ancien directeur de la CIA a été condamné dans une affaire qui mêlait adultère et diffusion d'informations confidentielles à sa maîtresse et biographe. L'utilisation de mails mal sécurisés en est à l'origine.

18. *eff.org/fr/deeplinks/2012/11/tutorial-how-create-anonymous-email-accounts*, vu le 3/8/2015.

Ces outils permettent de communiquer anonymement, mais ne garantissent en rien la confidentialité des échanges. Pour ça, ils doivent être chiffrés.

5.2 Les services de mails sécurisés

Certains fournisseurs proposent des boîtes mails chiffrées. Plutôt qu'utiliser des logiciels souvent un peu complexes, on peut faire appel à ces services qui « garantissent » anonymat et confidentialité. C'est là prendre un risque non négligeable. Même si les opérateurs concernés sont de bonne foi, ils sont par définition connus et peuvent donc faire l'objet tant d'une surveillance rapprochée que de poursuites judiciaires les obligeant à dévoiler leurs données. Le cas de Lavabit en est une bonne démonstration. Toutefois, si l'impératif d'anonymat n'est pas extrême, ils présentent l'avantage d'être d'une grande simplicité d'emploi.

Certains groupes d'activistes proposent des mails sécurisés. Il s'agit pour eux de préserver la liberté d'information et ils demandent généralement de décrire l'action menée, avant de valider la demande.

Riseup (*riseup.net*) propose un service mails et de mailing-list. Bien connu, il fournit un service de qualité, mais il est hébergé aux États-Unis, donc soumis au Patriot Act.

Autistici/Inventati (*autistici.org*) propose un ensemble de services (mails, mailing lists, blogs, hébergement...).

AktiviX (*aktivix.org*) propose des comptes mails, des mailing-lists et un service de VPN.

Enfin, on doit citer *Anonbox* (*anonbox.net*) créé par le célèbre *Chaos Computer Club*, qui permet de créer des boîtes mails jetables utilisables une seule fois.

Une multitude de services commerciaux permettent également de créer des boîtes mails anonymes et de chiffrer ses échanges. On les trouvera aisément avec son moteur de recherche favori.

5.3 OpenPGP

Au lieu d'un service web sur lequel on n'a fondamentalement aucun contrôle, on peut se tourner vers une solution locale. C'est, de loin, la meilleure alternative. Le standard actuel de chiffrage est OpenPGP (voir section 3 page 35). Le fait d'utiliser un grand standard est essentiel. On ne peut échanger des données chiffrées que si son correspondant comprend ce chiffrage. On ne peut donc utiliser OpenPGP qu'avec d'autres utilisateurs de cet outil. Plus large est la base, plus nombreux seront les correspondants potentiels.

L'usage d'OpenPGP est maintenant relativement simple dans la mesure où il existe de nombreuses interfaces utilisateurs dédiées. Naturellement, passer par une interface signifie s'en remettre à elle. Si OpenPGP en lui-même est largement audité et garantit une certaine sécurité, ce n'est pas forcément le cas des interfaces, surtout propriétaires. Pour caricaturer, quand vous donnez votre mot de passe à une boîte de dialogue, rien ne vous dit qu'il n'est pas immédiatement envoyé sur un serveur de la NSA ou d'un groupe mafieux quelconque ! On privilégiera donc les outils open source largement diffusés, comme *Enigmail*. Ce module pour Thunderbird ou SeaMonkey jouit d'une bonne réputation, même s'il a connu certains problèmes [19], il semble digne de confiance.

La première étape consiste à charger et installer *GnuPG* (*Gnu Privacy Guard* GPG) qui est l'implémentation GNU d'OpenPGP (les utilisateurs de Windows peuvent l'obtenir via *Gpg4win*). On doit ensuite charger et installer le module Enigmail pour Thunderbird.

Au premier lancement, Enigmail propose un assistant de configuration qui permet de créer ses clés OpenPGP. La génération de la clé est relativement longue, les réglages par défaut étant plutôt conservateurs.

Il est de bonne pratique, après la génération des clés et du certificat, d'accepter l'option de création d'un certificat de révocation. Il permettra d'agir en cas de problème. Une fois que les clés sont créées, on doit les publier pour que tous les utilisateurs puissent y accéder (figure 3.21).

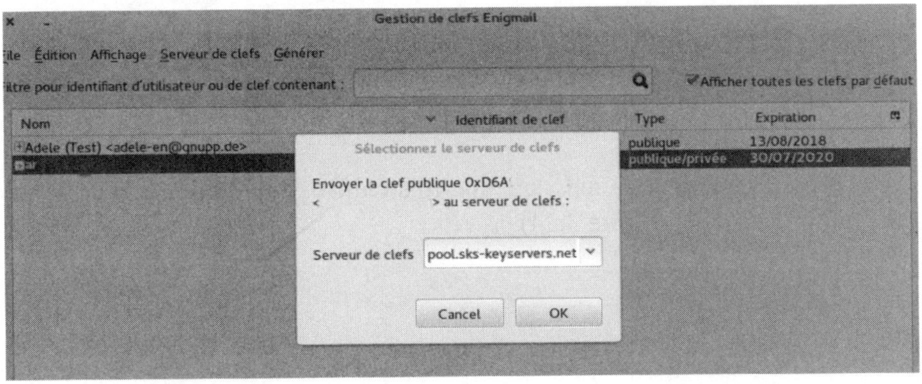

Figure 3.21 – Publication de sa clé avec Enigmail

On est maintenant prêt à envoyer des messages chiffrés. Le message doit être chiffré avec la clé publique du destinataire. On peut tester le système avec *Adele* un robot dédié. On va demander à Enigmail de nous trouver la clé d'Adele (figure 3.22 page suivante).

Une fois que la clé a été importée, on peut facilement écrire à Adele avec GPG. Enigmail utilisera la clé publique associée au compte du destinataire, chiffrera le message et l'expédiera (figure 3.23 page suivante).

19. Il a notamment connu un bug fameux qui pouvait laisser penser qu'un message était envoyé sous forme chiffrée alors que ce n'était pas le cas.

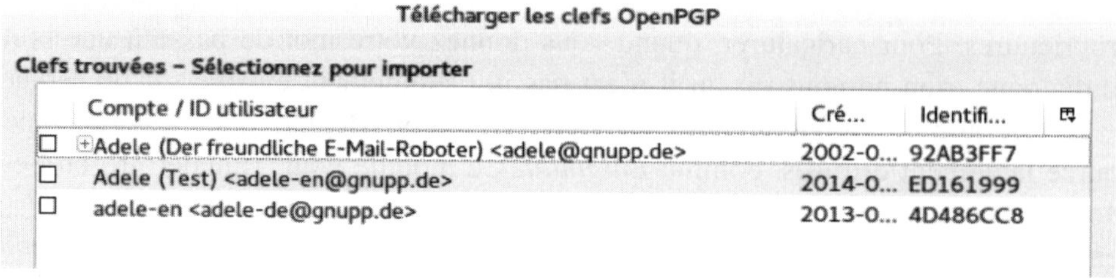

Figure 3.22 – Recherche de la clé du correspondant avec Enigmail

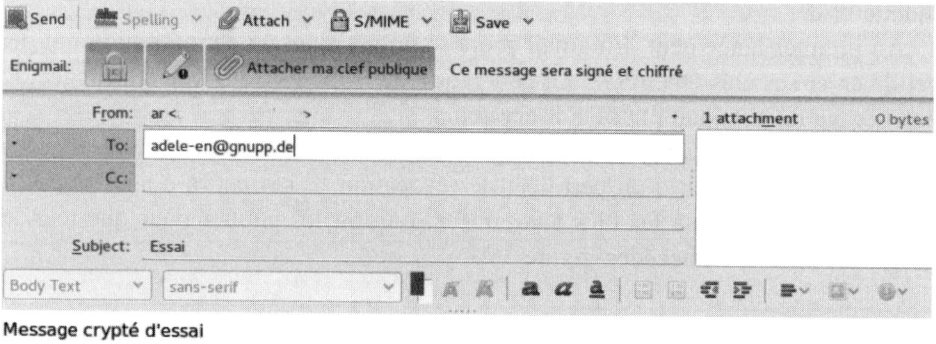

Figure 3.23 – Envoi d'un message chiffré avec Enigmail

Voici à quoi ressemble le message une fois chiffré. Seul le possesseur de la clé privée pourra le décoder (figure 3.24).

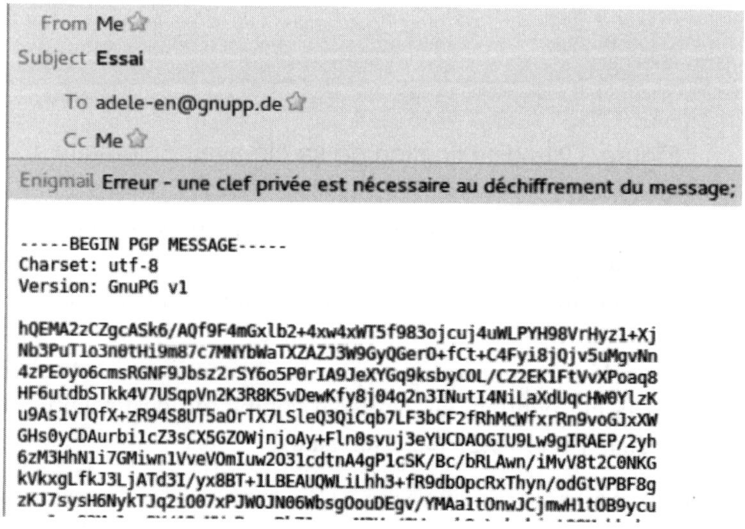

Figure 3.24 – Un message chiffré

La mise en œuvre n'est donc pas tout à fait directe, la gestion des clés étant un peu lourde. Toutefois, une fois que l'on dispose des clés de ses correspondants, l'utilisation de GPG devient presque transparente.

Le domaine étant très actif, de nombreux outils pour GPG ont été développés, dont *Mailvelope* qui est une simple extension pour Firefox ou Chrome.

5.4 Bitmessage

Difficile aujourd'hui de traiter des mails anonymes sans évoquer *Bitmessage* (*bitmessage.org*) apparu à la fin de l'année 2012. Bitmessage est un système pair-à-pair qui permet d'échanger des messages chiffrés. Il revendique une parenté forte avec le système Bitcoin, même si dans les faits, celle-ci semble plutôt anecdotique.

En lieu et place des classiques adresses mails, Bitmessage utilise une empreinte de la clé publique qui est de la même forme qu'une adresse Bitcoin. Les messages sont chiffrés avec la clé du destinataire, puis diffusés. Particularité, les messages sont diffusés à l'ensemble des nœuds du réseau où chacun essaie de les déchiffrer. Seul le destinataire véritable, celui qui possède la clé privée associée au chiffrage, pourra le décoder. Bitmessage utilise un système de Preuve de Travail (voir section 2.4 page 99) avant la diffusion du message par un nœud, afin d'éviter le *flooding* (la saturation malveillante volontaire du réseau). Les messages sont détruits au bout de deux jours.

Bitmessage est d'un usage élémentaire. Il suffit de créer sa propre adresse, sachant que comme pour les Bitcoins, il est recommandé d'en changer souvent. On peut ensuite, une fois obtenues les adresses des correspondants, envoyer des mails comme on en a l'habitude (figure 3.25). Des services comme *Bitmessage.ch* ou *Bitmsg.me* permettent d'utiliser Bitmessage comme un simple webmail [20].

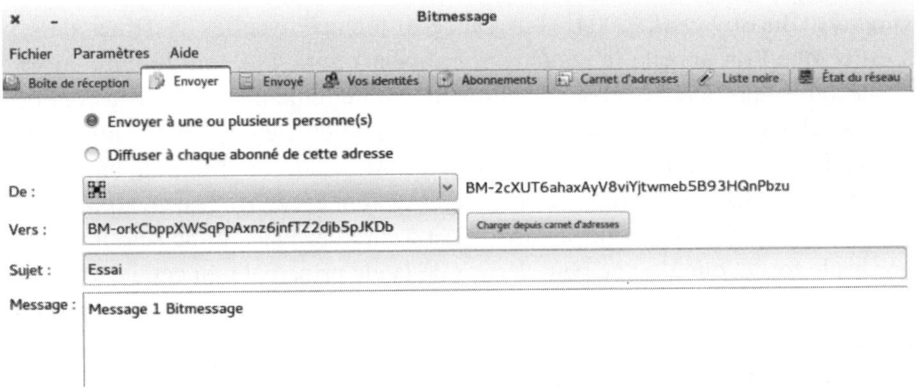

Figure 3.25 – Envoi d'un message avec Bitmessage

20. On veillera naturellement à y accéder à travers Tor si l'on souhaite préserver son anonymat.

Le système connaît une vraie popularité et il est maintenant très présent sur les marchés noirs où il se substitue à GPG. En quelques dizaines de minutes de connexion, mon nœud a traité près de 9.000 messages et plus de 3.000 clés publiques. L'audience est significative.

Il est difficile d'avoir un avis solide sur Bitmessage, le système est récent et surtout très peu et très mal documenté. Il a incontestablement besoin d'un sérieux audit de sécurité (et il le sait puisqu'il le demande sur sa page d'accueil) et il semble souffrir de lacunes fortes [21]. En outre, Bitmessage montre un dédain total pour les problématiques d'optimisation, la diffusion massive des messages et les preuves de travail étant naturellement très consommateurs de ressources et d'énergie. En bref, Bitmessage n'est pas encore mûr, tant sa sécurité que son efficacité doivent progresser, mais il est un concept intéressant et son succès montre que, grâce à sa simplicité, il répond à un besoin réel des utilisateurs.

5.5 La messagerie instantanée

La messagerie instantanée, outre la simultanéité de l'échange, présente l'avantage d'être d'une mise en œuvre très simple par rapport aux mails. Omniprésente, cette technologie ne pouvait rester en dehors du travail de préservation de l'anonymat et de la confidentialité des échanges.

Le standard ouvert de messagerie instantanée est XMPP (initialement baptisé *Jabber*). Utilisé par Google, Facebook ou Microsoft, les grands noms de la Silicon Valley lui préfèrent maintenant des protocoles maison, fermés. Il n'en reste pas moins un standard officiel d'internet. Il existe aujourd'hui un très grand nombre de services de messagerie instantanée utilisant ce protocole. On peut en trouver une liste sur *xmpp.net/directory.php*.

Le principal système de chiffrage de ces échanges s'appelle OTR (*Off-the-Record Messaging*) [Borisov *et al.*, 2004]. La grande différence avec les systèmes de type GPG est ce que l'on appelle la *confidentialité persistante*. Il s'agit de faire en sorte que la découverte d'une clé privée ne permette pas de remettre en cause la confidentialité des échanges passés. Quand on utilise GPG, on utilise des clés de long terme, celles que l'on publie dans les annuaires de clés. Si quelqu'un découvre une clé privée, il pourra décoder l'ensemble des messages qui ont été échangés. OTR pallie cette faiblesse en utilisant des clés de session, c'est-à-dire des clés qui ne seront utilisées qu'une seule fois et que l'on ne peut dériver de la clé principale. Si cette dernière est découverte, cela ne permettra en aucune manière de lire les anciens messages. OTR est également conçu pour permettre le *déni plausible*, c'est-à-dire que si l'authenticité des correspondants est certaine durant l'échange, il est impossible à un tiers de prouver qu'un message a bien été émis par une personne donnée.

21. *bitmessage.org/forum/index.php?topic=1666.0*, vu le 2/8/2015.

OTR est disponible pour plusieurs clients de messagerie instantanée, dont *Pidgin* (*pidgin.im*), l'un des plus répandus (les utilisateurs de Mac OS peuvent se tourner vers *Adium*, *adium.im*). Pidgin est compatible avec de nombreux protocoles [22], dont bien sûr XMPP. Pour installer OTR sur Pidgin, il suffit de télécharger l'extension correspondante. À la première utilisation, elle générera les clés nécessaires et l'on sera immédiatement capable de chiffrer ses conversations avec n'importe lequel de ses correspondants utilisant OTR sur XMPP. Afin de s'assurer de l'identité de l'autre, OTR pour Pidgin propose un échange nécessitant la connaissance préalable par les deux parties d'une information donnée. Typiquement, on peut écrire une question et sa réponse, le correspondant ne recevra que la question et devra donner la même réponse. Cela nécessite naturellement que l'on ait échangé auparavant. Le protocole OTR assure la seule confidentialité des échanges, on devra l'utiliser à travers un proxy Tor si l'on veut également préserver l'anonymat.

L'utilisation de Pidgin et OTR ne saurait assurer le niveau de sécurité d'un échange GPG. Toutefois, sauf à être ciblé, il est parfaitement opérationnel et tout à fait sûr.

Parmi les outils de messagerie instantanée les plus conviviaux, *Cryptocat* se distingue en se présentant comme une simple extension pour navigateur [23]. Lancé en 2011, ce logiciel qui s'appuie sur OTR est maintenant considéré comme raisonnablement sûr. Il a connu un fort regain de notoriété à l'occasion de l'affaire Snowden (voir section 1.1 page 130), puisqu'il a été utilisé par ses protagonistes.

Pour aller au-delà de la messagerie et disposer de fonctions vidéo, on peut faire appel à *Jitsi* développé à l'université de Strasbourg et qui se veut le Skype du libre. Jitsi accepte de nombreux protocoles et on peut l'utiliser aussi bien comme outil de communication classique, qu'au travers de protocoles garantissant la confidentialité des échanges comme OTR ou ZRTP. *Tox* (*tox.chat*) propose messagerie instantanée et vidéo aussi bien sous Windows, Linux que Mac OS, voire Android.

5.6 Les appareils mobiles

Pour quiconque souhaite protéger l'anonymat et la confidentialité de ses échanges, le smartphone peut être considéré comme l'ennemi. *The Guardian Project* (*guardianproject.info*), un collectif regroupant notamment des informaticiens et des juristes, s'est donné pour objectif de proposer des outils open source simples pour sécuriser les appareils mobiles.

Le collectif est notamment à l'origine de *Orbot*, un proxy Tor pour Android. Il propose également *ChatSecure* pour Android et iOS, un client de messagerie instantanée utilisant OTR, éventuellement à travers Tor si on le souhaite.

Il est difficile d'évoquer les messageries sécurisées sans parler du célèbre *Telegram*, connu depuis les attentats du 13 novembre 2015 à Paris comme « la messagerie

22. Dont AIM, Google Talk, ICQ, Yahoo!, etc.
23. Il en existe maintenant également une version mobile pour iOS.

de Daech. » Telegram est un projet open source récent (2013) qui permet des échanges chiffrés aussi bien sur ordinateur que sur mobile et qui se veut le *WhatsApp-killer*. Sa sécurité reste à démontrer. Les méthodes d'activation de comptes ne sont pas sûres et le projet n'a jamais fait l'objet d'un audit professionnel [24]. Pour la messagerie sur mobile, on lui préférera des logiciels plus éprouvés comme *TextSecure* ou, si l'on a besoin de fonctionnalités plus avancées, comme *Signal* de *Open Whisper System* (*whispersystems.org*) ou *ChatSecure*.

24. *cryptofails.com/page/6*, vu le 20/9/2015.

Chapitre 4 Les crypto monnaies

Plus anciennes et plus connues des crypto monnaies, les Bitcoins ne laissent pas indifférents et la toile fourmille de débats et commentaires enflammés à leur sujet. Pour certains, nombreux, les Bitcoins « c'est le mal ! » Selon les versions, c'est la monnaie des trafiquants de drogue sur Internet, une arnaque à base de pyramides de Ponzi ou encore un risque économique potentiel majeur. Pour d'autres au contraire, c'est un outil de libération du « joug » des institutions financières et étatiques ou encore une « révolution » si profonde qu'il y aura dans l'histoire un avant et un après Bitcoin.

Il est vrai que le sujet laisse perplexe, comme le montre drôlement une série d'interviews menée par *StreetPress* (*streetpress.com*) auprès de nos députés où l'embarras côtoie l'ignorance. Nos sénateurs de leur côté, quand ils en parlent, n'hésitent pas à évoquer « de la fausse monnaie [1]. »

Qu'en est-il réellement ? Que sont les Bitcoins et de manière générale, que sont les crypto monnaies ? Est-on en présence des prémices d'une révolution dans le système financier mondial ou, au contraire, s'agit-il d'un épiphénomène n'intéressant que des geeks en mal de nouveauté, des libertaires soucieux de s'abstraire de la dictature dans laquelle les États nous feraient vivre ou des trafiquants trop heureux de pouvoir ainsi récupérer leurs revenus illégaux ?

On peut comprendre ce débat, d'abord parce qu'il s'agit là d'un phénomène réellement nouveau, ensuite parce qu'aujourd'hui encore la complexité de l'outil fait que, en dehors de ceux qui ont pris le temps de s'y intéresser, personne n'y comprend grand-chose.

Nous allons voir dans ce chapitre ce que sont réellement les crypto monnaies. Nous montrerons comment elles marchent concrètement au quotidien et en expliquerons les principes essentiels. Nous nous concentrerons essentiellement sur les Bitcoins, qui représentent l'immense majorité des transactions, mais évoquerons également les autres crypto monnaies en cours de développement.

1. *senat.fr/presse/cp20140109a.html*, vu le 20/8/2015.

1. Les crypto monnaies, formes et usages

Les crypto monnaies sont utilisées comme unité de compte. Fondamentalement, elles sont un système de transactions authentifiées basé sur des protocoles décentralisés et chiffrés. Elles ne sont pas une monnaie au sens légal du terme, mais elles reposent sur les mêmes principes que la monnaie fiduciaire, c'est-à-dire que leur valeur ne dépend pas de leurs caractéristiques intrinsèques, mais seulement de la confiance qu'on leur porte.

Les concepts de base ont été posés à la fin des années 1990, mais les crypto monnaies ne sont réellement apparues qu'une dizaine d'années plus tard, le 31 octobre 2008, quand Satoshi Nakamoto a mis en ligne *Bitcoin: A Peer-to-Peer Electronic Cash System* [Nakamoto, 2009]. On ne sait toujours pas qui est Nakamoto, ni même s'il s'agit d'un individu ou d'un groupe, mais cela n'a pas empêché les Bitcoins de se répandre avec une facilité étonnante (figure 4.1) [2].

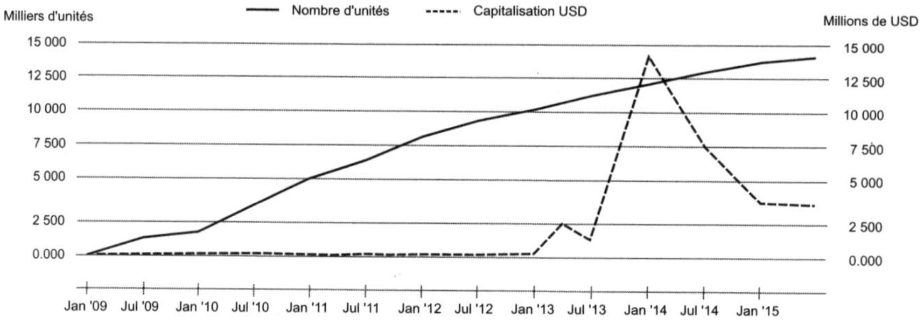

Figure 4.1 – Volume de Bitcoins et capitalisation

Aujourd'hui (printemps 2015), il y a environ 15 millions de BTC en circulation, pour une capitalisation de plus de 3 milliards de dollars. La capitalisation totale a même approché les 15 milliards de dollars quand le cours a explosé au début de l'année 2014. Depuis, le cours a été divisé par 5 ; la volatilité est extrême.

Les Bitcoins ont engendré de nombreux avatars, mais ils restent de très loin la plus importante des crypto monnaies. Leur capitalisation est 15 fois supérieure à celle de la seconde (*Ripple*) (table 4.1 page 107).

1.1 Comment se procurer des Bitcoins ?

De même qu'il vous faut ouvrir un compte auprès de votre banque, vous devrez « ouvrir un compte, » c'est-à-dire obtenir une *adresse* Bitcoin. Le protocole Bitcoin est avant tout un protocole d'échanges chiffrés et authentifiés (voir section 2.2 page 33). Obtenir une adresse Bitcoin consiste à générer un couple clé publique / clé

2. Données *blockchain.info*.

privée, puis à construire une adresse à partir de la clé publique. L'adresse sera associée à la clé privée et on pourra l'authentifier sans ambiguïté. À la différence d'un compte bancaire, on peut générer autant d'adresses qu'on le souhaite.
Pour créer et gérer un compte, on utilise un *portefeuille*.

Les portefeuilles web

Il existe une multitude de portefeuilles en ligne. Comment choisir le sien ? Le prestataire que l'on va sélectionner sera le gardien de notre capital. C'est sur lui que repose l'ensemble des procédures de sécurité qui feront qu'il sera bien gardé et toujours disponible. La confiance est donc essentielle. Confiance technique, pour le respect des normes de sécurité et la garantie d'accès permanent, mais aussi confiance tout court. Comme dans les légendes du Far West, il est en effet toujours possible que le banquier parte avec la caisse !

Nous n'insisterons jamais assez sur le fait qu'avec un portefeuille en ligne, la prudence doit toujours vous guider.

Chacun se souvient de l'affaire MtGox, l'une des plus importantes plates-formes mondiales qui, le 28 février 2014, a annoncé avoir été délestée par des « pirates » de 850.000 BTC, soit près d'un demi-milliard d'euros au cours du moment. Le moins que l'on puisse dire est que l'affaire n'est pas claire et, aujourd'hui encore, personne ne sait où cette énorme somme est passée, ni qui en a bénéficié. À l'automne 2013, MtGox était classée seconde plate-forme la plus fiable par l'un des sites français de référence, ce qui montre clairement la difficulté qu'il y a à évaluer les différents acteurs. MtGox n'est malheureusement pas un cas unique et le système est encore loin de la maturité.

Il n'y a donc aucune certitude dans le choix du prestataire en ligne et la prudence doit prévaloir. Visez les structures les plus importantes, vérifiez les commentaires clients sur les différents forums, assurez-vous, s'il s'agit d'un Français, que vous êtes bien en présence d'une entreprise régulièrement enregistrée (code Siren, etc.) et, surtout, ne confiez pas au portefeuille des sommes trop conséquentes, dont la perte engendrerait un manque important.

La démarche est sensiblement la même pour l'ensemble des grands prestataires. La création du compte est classique, on vous demandera essentiellement une adresse mail et un mot de passe. Afin de se conformer aux réglementations locales, la majorité des sites exigera ensuite une preuve d'identité. Vous devrez alors scanner une pièce d'identité, éventuellement un certificat de domicile, et déposer ces documents sur l'espace concerné. Ce n'est qu'une fois identifié —ce qui peut prendre plusieurs jours— que vous pourrez procéder à des opérations. Des entreprises comme *Jumio* se sont fait une spécialité de la vérification d'identité en lien avec les Bitcoins. Jumio est notamment à l'origine de BISON (*Bitcoin Identity Security Open Network*), qui est une bonne démonstration de la professionnalisation en cours de l'usage des Bitcoins.

On peut évidemment trouver des portefeuilles web qui préservent l'anonymat, mais c'est alors aux risques et périls de l'utilisateur.

Rien de très compliqué donc pour disposer d'un portefeuille en ligne. Sécurisés, conformes à la réglementation, nombre de prestataires peuvent fournir un service de qualité.

L'affaire MtGox

MtGox (voir [Pagliery, 2014]) a été fondé en janvier 2007 par le créateur de *e-donkey 2000*, Jed McCaleb, afin de faciliter les échanges de cartes entre joueurs de *Magic the Gathering* (MtGox signifie *Magic the Gathering Online Exchange*). Il a vraiment décollé en tant que plate-forme Bitcoins à partir de 2011, après son rachat par Mark Karpelès.

La plate-forme a connu de multiples problèmes de sécurité au cours de son existence, jusqu'au 28 février 2014 où elle a annoncé la disparition de 850.000 BTC et a stoppé ses opérations. Depuis, environ 200.000 BTC ont été retrouvés dans un « vieux portefeuille oublié, » paraît-il, ce qui montre le sérieux de l'entreprise... On ne sait toujours pas ce qui est arrivé aux 650.000 BTC restants.

Plusieurs études semblent montrer que MtGox a fait l'objet d'une attaque lourde. WizSec[a] a pointé l'activité anormale de nombreux comptes actifs très peu de temps et faisant de multiples opérations, visiblement de manière automatique.

À ce jour, des doutes importants subsistent et certains pensent que le vol n'aurait porté que sur quelques milliers de BTC. Mark Karpelès est-il parti avec la caisse ? Des membres de MtGox ont-ils mis à profit leurs accès pour opérer des transactions frauduleuses ? Rien n'est sûr si ce n'est que les possesseurs d'un portefeuille sur MtGox ont vu leur avoir disparaître purement et simplement et que rien ne dit qu'ils le reverront un jour.

a. *blog.wizsec.jp/2015/02/mtgox-investigation-release.html*, vu le 25/4/2015.

Les portefeuilles locaux

Au lieu de confier son précieux pécule à un site dont il est difficile d'apprécier réellement la fiabilité, on peut décider de conserver soi-même son portefeuille sur son propre ordinateur. Il existe pléthore d'applications de gestion de portefeuilles Bitcoins et ceci pour tous les systèmes, que ce soit Linux, Windows ou Mac OS, voire Android ou iOS. On en distingue deux grands types : les clients complets et les clients légers.

On réservera les clients complets comme *Bitcoin Core* à un usage avancé. Très lourds, ils doivent télécharger l'intégralité de la chaîne de blocs (voir page 99), soit à mi-avril 2015, plus de 32 Go. Ils peuvent également être utilisés pour vérifier les blocs, ce qui est susceptible de beaucoup solliciter le processeur et la bande passante.

Pour un usage courant, on préférera un client léger. Ils ne requièrent pas le chargement de l'ensemble de la chaîne de blocs et sont généralement d'un usage tout à fait intuitif. On ne pourra alors accéder à certaines des fonctions les plus avancées, comme la signature multiple, mais l'essentiel sera possible.

Le choix est vaste, aussi bien sur ordinateur que sur tablette et smartphone. On va utiliser *MultiBit* dans la suite du texte, car il est léger et simple[3]. Il souffre de certaines limitations et ce n'est probablement pas le plus sûr, mais, à moins d'avoir à gérer des sommes importantes, il est tout à fait suffisant.

MultiBit s'installe comme n'importe quelle application usuelle. Au lancement, on dispose d'un portefeuille qui, naturellement, est vide (figure 4.2). Au cours de son initialisation, MultiBit a créé une clé privée qui lui a permis de générer une première adresse, que l'on trouve dans l'onglet `Requête`. Grâce à elle, on est maintenant prêts à recevoir des Bitcoins.

L'adresse (`1KfkzWyayGJbMMnZaPJ1tbGkPNQWxGXUhb`) est longue et difficile à manipuler. Pour en faciliter l'usage, les portefeuilles intègrent tous des outils simples pour copier et coller. On peut voir également un QR Code à droite de l'écran. C'est une pratique générale que de représenter les adresses à l'aide de ces codes graphiques. Cela permet d'en user facilement avec les appareils mobiles. On a alors une forme particulière de paiement sans contact.

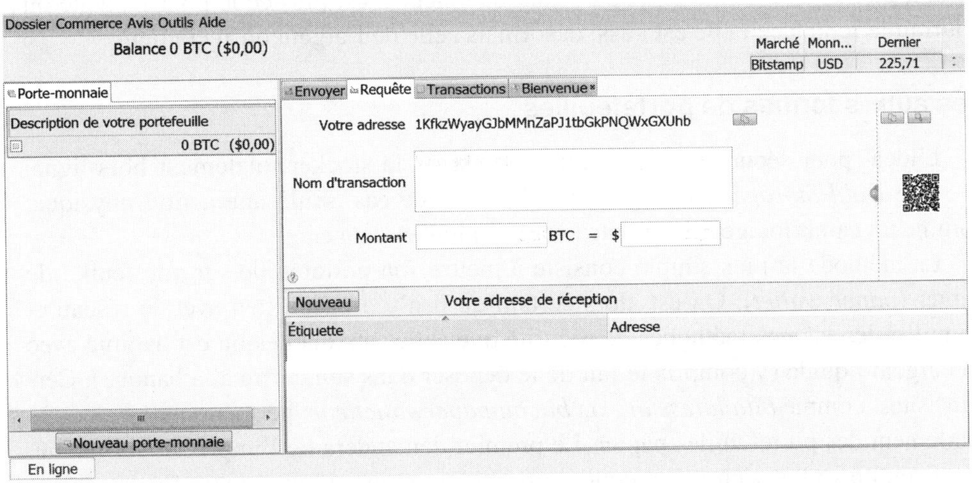

Figure 4.2 – Premier lancement de MultiBit et adresse du portefeuille

Avec un portefeuille local, votre ordinateur contient maintenant de l'argent, de la même manière que votre coffre-fort contient de l'or ou que votre porte-monnaie

3. Multibit prélève 0.00001 BTC à chaque paiement.

contient des billets. On doit le protéger en conséquence. Le soin que l'on accordera à cette protection dépendra évidemment du montant concerné. S'il y a quelques dizaines d'euros, de même que l'on fait attention à ne pas laisser traîner ses billets de banque, on évitera de laisser son portefeuille Bitcoin ouvert à tout vent. Si l'on y met l'essentiel de sa fortune (ce que je ne saurais trop déconseiller), on adoptera des mesures plus lourdes. *A minima*, on respectera les bonnes pratiques suivantes :

— Activer le mot de passe du portefeuille. Ne pas le faire revient à laisser quiconque peut accéder à son ordinateur, y compris à distance, accéder également à son capital.

— Sauvegarder son portefeuille. Si, pour une raison ou une autre, les fichiers sont corrompus, son argent aura tout simplement disparu, peu importe le montant.

— Faire des mises à jour fréquentes du logiciel de portefeuille (et de son ordinateur en général).

Si les montants sont un peu plus élevés, il est important de prendre les précautions suivantes :

— Avoir une sauvegarde déportée de son portefeuille, c'est-à-dire ailleurs que là où se trouve son ordinateur. On peut par exemple laisser une clé USB au bureau. On devra alors veiller à ce qu'elle soit chiffrée au risque que le remède soit pire que le mal.

— Chiffrer le dossier qui contient son portefeuille.

Dans tous les cas, l'importance que l'on accorde à la sécurité de son ordinateur ne doit plus être la même qu'auparavant. Sa valeur n'est plus celle pour laquelle on pourrait le remplacer, elle est aussi désormais celle de l'argent qu'il contient.

Les autres formes de portefeuilles

L'idéal pour sécuriser son portefeuille est de le stocker totalement hors-ligne. C'est le *Cold Storage* (stockage à froid). Dans ce cas, seule une action physique, comme un cambriolage, peut mettre votre capital en danger.

La méthode la plus simple consiste à mettre son portefeuille sur une feuille de papier (*paper wallet*). On est alors certain qu'il n'y a aucun lien avec le réseau et on utilise les mêmes méthodes de sécurité que celles auxquelles on est habitué avec son argent liquide (y compris le fait de le déposer dans son coffre à la banque). Certains sites, comme *bitaddress.org* ou *bitcoinpaperwallet.com* permettent de créer très facilement des portefeuilles papier. Le premier demandera de l'imprimer soi-même. Le second est plus sécurisé et contient un hologramme. L'un comme l'autre créent adresse et clé privée (laquelle doit bien sûr être protégée) nécessaires à l'utilisation de ses Bitcoins (figure 4.3 page ci-contre)[4].

Il existe également des portefeuilles physiques. *Chronocoin* par exemple fournit des Bitcoins sur un support USB sécurisé par un code PIN. On achète ses Bitcoins sur

4. *bitcoinpaperwallet.com*

Figure 4.3 – Un portefeuille papier sécurisé

le site par carte bancaire et l'on reçoit en retour une *Chronocard* sécurisée. *Casascius* proposait même des pièces métalliques. Le premier qui utilisait une pièce avec sa clé privée en recevait le montant, la pièce était ensuite sans valeur (figure 4.4) [5].

Figure 4.4 – Bitcoins physiques

Comment acheter des Bitcoins ?

Il existe différents moyens d'acquérir des Bitcoins, mais la méthode la plus simple consiste à passer par un service d'*Exchange*. Il suffit de créer un compte auprès de l'un de ces services, que l'on trouvera facilement, et de l'approvisionner en euros. Il est important de comprendre que, par construction, une transaction en Bitcoins est irréversible. Une fois validée il n'est pas possible de revenir en arrière pour obtenir un remboursement. En conséquence, les services d'Exchange ne permettent généralement pas l'achat avec une carte de crédit ou un compte *PayPal*. On pourra utiliser les virements bancaires, mais aussi des services comme *Western-Union* ou *MoneyGram*, ou encore des cartes prépayées que l'on trouve chez les buralistes types *Ukash* ou *Paysafecard*. En France, on peut également acquérir des Bitcoins à La Poste, grâce à *Bilboat.net*. On les paiera alors par tout moyen habituel, y compris en liquide. Des distributeurs de Bitcoins, l'équivalent de nos distributeurs automatiques de billets, ont

5. *casascius.com*

commencé à faire leur apparition. *LocalBitcoins.com* de son côté, permet de trouver des vendeurs près de chez soi, dont certains acceptent les cartes de crédit. On veillera alors à leur réputation, puisqu'ils sont évalués comme sur n'importe quel site d'achat en ligne.

On peut également utiliser un site d'Exchange qui permet de convertir en Bitcoins des crypto monnaies que l'on peut acquérir par carte de crédit. Le plus célèbre —*VirWox.com*— accepte par exemple PayPal pour acheter des *Linden Dollars* (la monnaie de *Second Life*, les SLL) que l'on peut ensuite utiliser pour acheter des Bitcoins. C'est un moyen simple de débuter sans quitter son fauteuil, mais le coût des conversions est rapidement dissuasif. Pour les besoins de cet ouvrage, j'ai investi 10 € sur VirWox. Voici la liste des opérations :

— Transfert de 10 € sur VirWox avec PayPal qui prend une commission de 0,69 €.
— Achat pour 10 € de 2 447,10 SLL. VirWox prélève alors 50 SLL plus 2,90 %.
— Achat de 0,041 BTC pour 2 446,25 SLL. Le prélèvement est également de 50 SLL plus 2,90 %.

Cette méthode n'est viable que pour des opérations très ponctuelles, où les montants sont assez faibles pour que l'on puisse souhaiter s'épargner les démarches un peu lourdes que nécessitent les méthodes habituelles (transfert des informations bancaires, déplacement chez le buraliste pour acheter des cartes prépayées, déplacement à la Poste ou dans un bureau Western-Union, etc.). Il ne faut y voir qu'un outil de test.

Nous allons verser 0,045 BTC sur le portefeuille local nouvellement créé. Depuis le site VirWox, on procède à un virement vers notre adresse. Après quelques instants, la somme est effectivement transférée (figure 4.5 page ci-contre).

On voit que les Bitcoins ne sont pas disponibles pour dépense. Il faut en effet attendre que la transaction soit *validée* (voir page 98) avant de pouvoir dépenser la somme, ce qui peut nécessiter plusieurs minutes.

1.2 Comment payer avec des Bitcoins ?

Pour compléter notre tour, nous allons maintenant procéder à un paiement. Même si vous ne pouvez pas encore payer votre café au bistrot du coin en Bitcoins, le nombre d'entreprises qui les acceptent croît rapidement. La ville d'Arnhem aux Pays-Bas est réputée pour accepter largement la nouvelle monnaie [6], mais elle reste une exception. La chaîne de distribution Monoprix a même annoncé en 2014 qu'elle accepterait prochainement les Bitcoins sur son site d'achat en ligne [7]. Des agrégateurs comme *usebitcoins.info* recensent les sites marchands qui acceptent cette forme de paiement. On y trouve aussi bien des vêtements, que du matériel électronique, des

6. *technologyreview.com/news/534011/a-weekend-in-bitcoin-city-arnhem-the-netherlands*, vu le 20/11/2015.

7. L'idée a été abandonnée à l'été 2015.

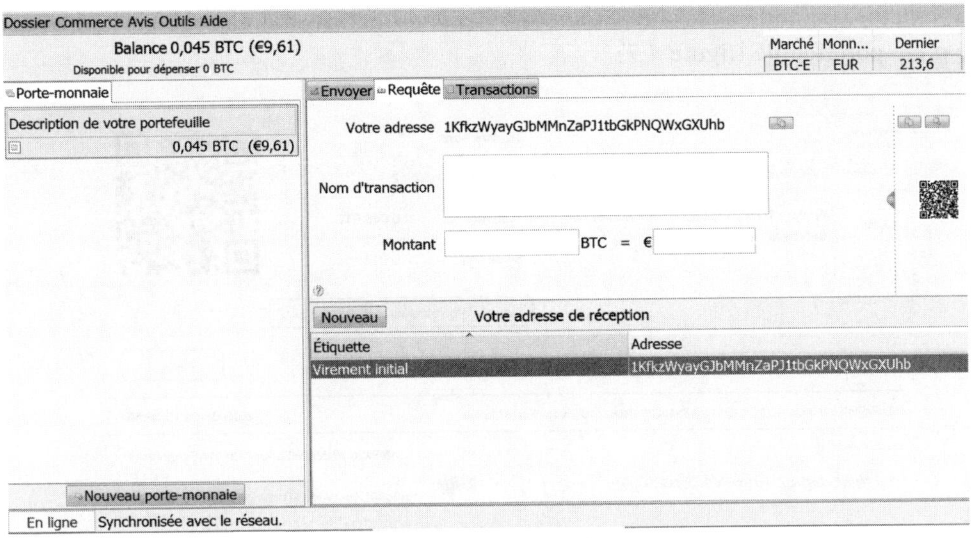

Figure 4.5 – Réception des premiers Bitcoins

hébergements internet et toutes sortes de produits et services très divers. Pour acheter, il suffit de remplir son panier, puis, avec son portefeuille, d'envoyer le paiement à l'adresse donnée par le commerçant. À titre d'illustration, on va payer 0,04 BTC avec notre nouveau portefeuille. Après avoir recopié l'adresse de destination et renseigné le montant, le bouton `Envoyer` lance la transaction (figure 4.6). Le processus est élémentaire.

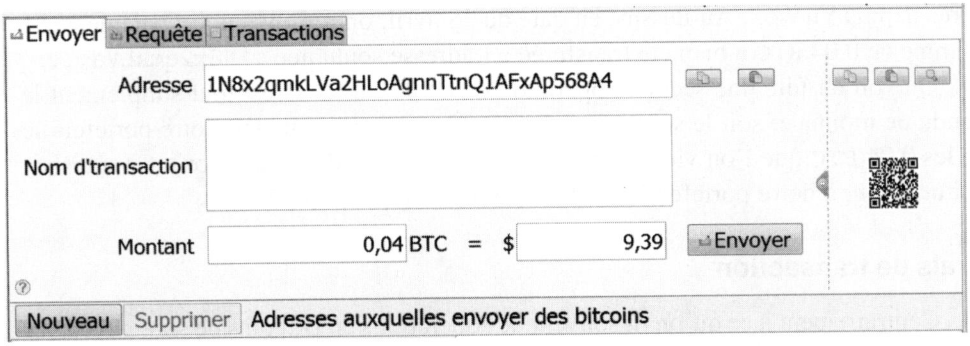

Figure 4.6 – Paiement avec MultiBit

Le suivi des transactions

Pour fonctionner, le système Bitcoin enregistre l'ensemble des transactions et rend cette information accessible à tous. Des sites comme *Blockexplorer.com* ou *Blo-*

ckchain.info permettent de suivre toutes les activités du réseau. Interrogeons l'adresse de notre portefeuille (figure 4.7) [8].

Figure 4.7 – Suivi des transactions

Dans la partie inférieure, on retrouve le virement d'origine de 0,045 BTC transférés depuis VirWox. Au-dessus, en date du 28 avril, on retrouve notre paiement. La somme de 0,04 BTC a bien été transférée à l'adresse souhaitée : `1N8x2qmkLVa....`

On voit ensuite une seconde opération de 0,0049 BTC. C'est tout simplement le rendu de monnaie, soit le solde entre les 0.045 BTC que contenait notre portefeuille et les 0.04 BTC que l'on vient de payer (moins les frais de transaction). Ce transfert est un retour à notre portefeuille, c'est la monnaie de notre opération.

Frais de transaction

Contrairement à ce qu'on lit souvent, les opérations en Bitcoins ne sont pas forcément gratuites. Les mineurs perçoivent actuellement 25 BTC pour chaque bloc qu'ils valident (voir page 98), c'est la base du processus de création monétaire. Cette somme n'est pas forcément suffisante, d'autant moins que le coût algorithmique des validations va croissant alors que l'allocation est appelée à se réduire. Des frais de transaction sont donc nécessaires. À terme, quand les quelque 21 millions de Bitcoins prévus auront été créés, les frais seront le seul moyen de rémunérer les mineurs.

8. D'après *Blockchain.info*.

Le calcul des frais de transaction est assez compliqué. Ils dépendent pour l'essentiel des montants et de l'âge des transactions d'origines ainsi que de leur nombre [9].

Deux transactions d'un même montant peuvent engendrer des frais très différents, notamment en fonction du nombre d'entrées qui seront nécessaires pour réaliser l'opération. Pour le comprendre, il faut revenir sur la façon dont un portefeuille stocke les données, c'est-à-dire comme une juxtaposition des transactions. À l'usage de nombreuses entrées sont créées et un portefeuille de 10 BTC peut se présenter sous des formes très différentes (figure 4.8). Quand on doit payer, le logiciel choisit la meilleure combinaison d'entrées, générant des frais très différents selon les cas.

Il est donc assez difficile de prévoir les frais auxquels on va devoir faire face. Le point important, et nous y reviendrons, reste qu'ils demeurent très limités et permettent de réaliser des micro-paiements dans des conditions économiques raisonnables. Dans notre cas, ils ont été de l'ordre de 0,2 %, valeur qu'il est instructif de rapprocher de ce que votre banquier vous prélève quand vous souhaitez faire un paiement international. Le problème reste posé néanmoins de leur avenir puisque l'on sait que, structurellement, ils ne peuvent que monter (voir plus bas).

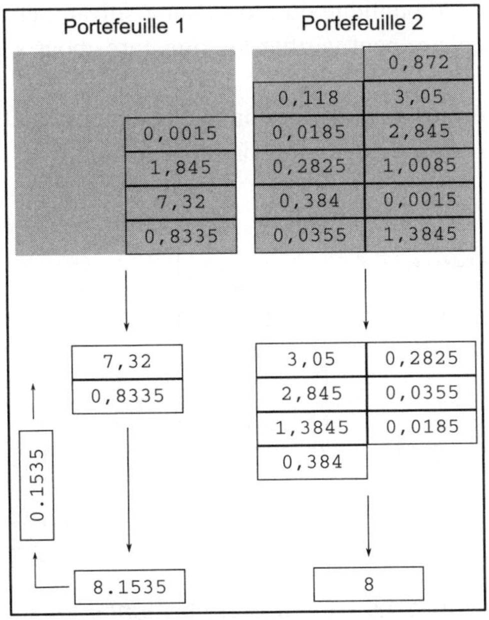

Figure 4.8 – Paiement avec deux portefeuilles différents

9. Par ailleurs, pour éviter la multiplication d'opérations très petites, toute transaction de moins de 0,01 BTC subit un prélèvement de 0,0001 BTC.

2. Comment fonctionnent les Bitcoins ?

Le fonctionnement des Bitcoins est réputé complexe. Ce n'est pas tout à fait vrai, les principes généraux sont tout à fait accessibles, même si parfois un peu délicats. Il est surtout d'une grande subtilité. Cette partie est un peu plus difficile que le reste de l'ouvrage et demandera quelques efforts au lecteur peu familier avec le domaine. J'ai souhaité l'inclure, car la fameuse « révolution Bitcoin » est susceptible de devenir une réalité.

Le potentiel de la chaîne de blocs est immense et pourrait aller bien au-delà de son domaine d'origine. Pour le comprendre, il est utile d'avoir une certaine perception de son mode de fonctionnement. Il ne s'agit pas d'entrer dans des détails trop techniques, mais de décrire les principes généraux. Le lecteur pressé pourra aller directement à la synthèse (voir section 2.5 page 104), mais il perdra alors beaucoup en profondeur.

Selon le texte originel de Satoshi Nakamoto [Nakamoto, 2009] : « Une pièce électronique est définie comme une chaîne de signatures numériques. Chaque propriétaire transfère la pièce au suivant en signant numériquement une empreinte de la transaction précédente et de la clé publique du propriétaire suivant, et en l'ajoutant à la fin de la pièce. Tout bénéficiaire peut vérifier les signatures pour s'assurer de la chaîne de propriétés. » (figure 4.9) [10].

Tout ceci est bien ésotérique, aussi allons-nous tenter de détailler le principe en reprenant les opérations réalisées à la section précédente.

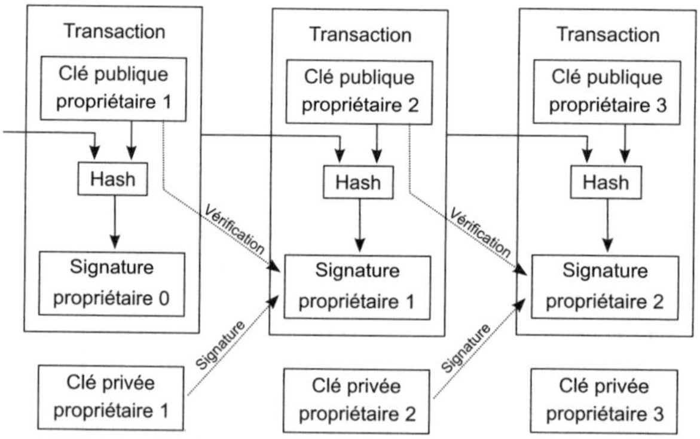

Figure 4.9 – Chaîne de transactions

Le protocole Bitcoin s'appuie sur :

— La cryptographie à clé publique.

— Le hachage et plus particulièrement l'algorithme SHA256.

10. D'après [Nakamoto, 2009].

2.1 Hachage

Le hachage est massivement utilisé en informatique dans des domaines très divers. Il consiste à prendre une donnée en entrée et à calculer une sortie (l'empreinte ou le *hash*) qui en permettra l'identification. La forme de la fonction de hachage dépend de l'objectif recherché. Nous nous intéressons ici aux fonctions de hachage cryptographique. Ce type de fonction est par construction *i)* très difficilement inversable, c'est-à-dire qu'il est impossible de retrouver le texte original à partir de l'empreinte, *ii)* très sensible c'est-à-dire que deux entrées proches doivent donner des résultats très différents. Enfin, les probabilités de collision doivent être faibles : deux entrées différentes ont très peu de chances de donner la même empreinte.

On rencontre souvent la fonction MD5 qui permet de s'assurer de l'intégrité d'un fichier téléchargé, ce qui est important pour les logiciels de sécurité. On calcule l'empreinte MD5 une fois le fichier obtenu et on la compare à l'empreinte fournie par le site de téléchargement. La fonction de hachage MD5 étant conçue de manière à ce que deux entrées proches donnent des empreintes très différentes, la moindre corruption du fichier original sera immédiatement repérée.

Même s'il est encore massivement utilisé, le MD5 n'est plus considéré comme sûr et on lui préfère pour les applications où la sécurité est essentielle d'autres fonctions, comme les fameux SHA (*Secure Hash Algorithm*) développés par la NSA. L'algorithme SHA256 est au cœur du protocole Bitcoin.

Si l'on donne en entrée la phrase : `Bonjour tout le monde`, la sortie SHA256 est :
`8148af5d87b6181ec701ca9fe8f5141d254692c55c41b407b196a5e8f69cfbd2`

L'entrée : `Bonjour tout le monde.` (donc la même avec simplement un point à la fin), donne quant à elle une empreinte très différente :
`cceb3fae56581685b554ebe7b0ac3dba26a4e40ed8a2922bd0850805cb0deffc`

Le point essentiel ici est qu'il est relativement facile de calculer l'empreinte d'une entrée donnée, mais qu'il est en revanche extrêmement difficile de retrouver l'entrée à partir de l'empreinte. *John the Ripper*, le célèbre programme de craquage de mots de passe, est spécifiquement conçu pour retrouver une entrée à partir d'une empreinte. Tous ceux qui l'ont testé sur un vrai mot de passe comprendront à quel point c'est difficile, mais aussi combien il est aisé et rapide de casser un mot de passe faible.

2.2 Portefeuilles et adresses

Pour gérer des Bitcoins, nous avons commencé par installer un portefeuille qui a immédiatement créé une première adresse en suivant le processus [11] :

Clé privée —> Clé publique —> Adresse

11. Voir notamment [Thompson, 2013].

La clé privée est simplement une suite aléatoire de 256 bits. Un bon outil devrait vous demander de fournir une source externe d'aléa. John von Neumann disait en effet : « Quiconque tente de produire du hasard à partir de méthodes arithmétiques est en état de péché, » c'est pourquoi les générateurs de nombres aléatoires de votre ordinateur sont qualifiés de *pseudo-aléatoires*. Pour pallier cette limite, on vous demandera classiquement de déplacer votre souris au hasard pour fournir une source d'aléa. La clé privée doit évidemment être aussi protégée que possible. Si un indélicat peut y accéder, il pourra se faire passer pour vous et, en conséquence, il pourra accéder à l'ensemble de votre fortune et en faire l'usage qu'il souhaitera.

La clé publique est calculée à partir de la clé privée (voir section 2.2 page 33) grâce à une fonction à sens unique. À la différence de RSA, on n'utilise pas la factorisation de grands nombres premiers, mais une méthode basée sur la multiplication dans des courbes elliptiques [12]. Pour calculer la clé publique, on multiplie la clé privée par un point générateur. Comme pour le RSA, l'opération inverse est très difficile et la connaissance de la clé publique ne permet pas, sauf efforts extrêmement lourds, de retrouver la clé privée.

L'adresse est ensuite calculée grâce à un double hachage de la clé publique pour obtenir au final une adresse sur 160 bits.

Le lien privée / publique / adresse permettra de garantir la sécurité et l'authenticité d'une opération.

2.3 Transactions

Les transactions, soit les opérations de transfert de Bitcoins d'une adresse à une autre, sont la raison d'être du système. Comme pour la monnaie réelle, c'est l'échange qui donne sens à l'outil. Le réseau traite des *unspent transaction output* (UTXO) [13] (des transactions sortantes non dépensées), soit des montants indivisibles, verrouillés par leur propriétaire et diffusés au sein de la chaîne de blocs. En ce sens, un Bitcoin n'est rien d'autre qu'une transaction sortante en attente, mais n'est-ce pas exactement la même chose pour la monnaie que vous avez dans votre poche ?

Quand nous avons payé 0.04 BTC, le système a créé une *transaction* composée d'une entrée, destinée à vérifier la propriété de l'argent transféré, et d'une sortie, qui indique le bénéficiaire et le montant concernés. Commençons par examiner la sortie qui est la partie la plus simple.

Sortie

La sortie contient pour l'essentiel le montant, l'adresse de destination et un script de verrouillage qui bloque les fonds et donne les éléments nécessaires à leur déblo-

12. Ce sont des courbes géométriques supportant une opération d'addition (donc de multiplication) entre ses points.

13. [Antonopoulos, 2015].

cage. Pour débloquer les fonds, le script interroge le bénéficiaire et lui demande de confirmer, grâce à sa clé privée, que l'adresse lui appartient bien. Ce n'est qu'ensuite que les fonds pourront être transférés.

Entrée

En tant que payeur, la sortie nous permet de vérifier l'identité du bénéficiaire. Il convient maintenant pour ce dernier de s'assurer que les Bitcoins transférés sont bien les nôtres. C'est le rôle de l'entrée.

On vient de voir que la sortie de notre transaction contient l'adresse du destinataire. Cela signifie que lors de la transaction précédente —celle qui depuis VirWox nous a permis d'acquérir les Bitcoins que l'on va utiliser en paiement— la sortie correspondante contenait notre adresse. L'entrée de la nouvelle transaction de 0.04 BTC fait précisément référence à cette sortie précédente et, ce faisant, construit une chaîne : la *chaîne de transactions* (figure 4.10). Construire cette chaîne revient à tracer chaque Bitcoin [14] depuis sa création.

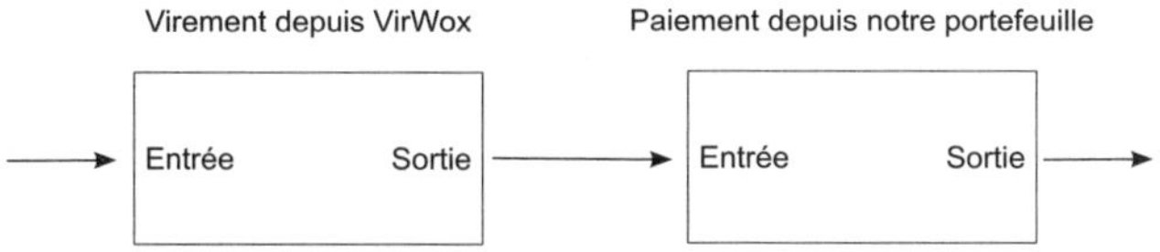

Figure 4.10 – Chaîne de transactions

Concrètement, l'entrée va rechercher dans le système les transactions dont la sortie fait référence à notre adresse (les UTXO qui pointent vers nous), puis elle va sélectionner celle(s) dont elle a besoin pour couvrir la demande. L'entrée garantit ainsi la propriété, donc le fait que l'on détient bien les Bitcoins que l'on veut transférer. Exprimé autrement, le système est conçu de manière à ce que l'adresse qui contient une somme utilisée en paiement ne soit pas donnée directement par le propriétaire actuel, mais au contraire, indirectement par le propriétaire précédent. Il est ainsi impossible de disposer d'une somme sans en connaître l'origine.

Si le bénéficiaire a la certitude de la propriété de la somme, il doit aussi vérifier l'identité du propriétaire. C'est également le rôle de l'entrée. L'authentification se fait alors en deux temps :

- Le bénéficiaire vérifie d'abord que l'adresse de sortie de la (ou des) transaction précédente utilisée pour ce paiement nous appartient bien. Il lui suffit de procéder au hachage de notre clé publique pour s'en assurer.
- Dans une seconde étape, un hachage à partir de notre clé privée permet de garantir au bénéficiaire que la clé publique qu'il a utilisée à l'étape précédente est bien la nôtre.

14. et ses fractions. La plus petite unité est le *satoshi* qui correspond à 0.00000001 BTC.

La clé publique permet donc de vérifier l'adresse et la clé privée permet de vérifier la propriété de la clé publique. On garantit ainsi que la somme se trouvant dans la sortie précédente pointe bien vers le payeur.

Le bénéficiaire s'est maintenant assuré de la propriété de la somme et de l'identité du propriétaire, le transfert peut se faire. À ce stade, on a bien réalisé une transaction, c'est-à-dire que l'on a pris une UTXO, dont on a prouvé qu'elle nous appartient et que l'on a transféré le montant vers une adresse qui est elle-même authentifiée ; c'est-à-dire que l'on a créé une nouvelle UTXO qui fait maintenant référence au bénéficiaire (figure 4.11).

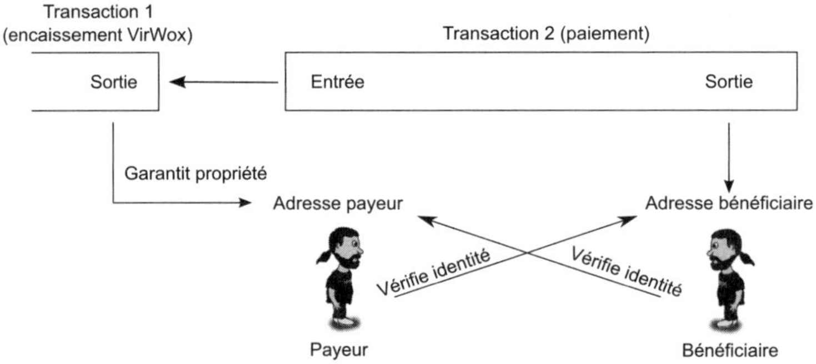

Figure 4.11 – Transaction

Ce mécanisme gère des UTXO et celles-ci ne peuvent être découpées, puisque cela reviendrait à découper une sortie, ce qui est en contradiction avec le fonctionnement même du système. Que se passe-t-il alors si l'on ne dispose pas d'une UTXO d'un montant identique à celui que l'on veut transférer ? Deux transactions sont créées, la première transfère le montant souhaité et la seconde renvoie le solde sur son propre portefeuille. C'est bien la structure même du protocole Bitcoin qui est à l'origine de ces transactions multiples que l'on a vues à la section précédente. Nous disposions d'une UTXO unique de 0.045 BTC grâce à laquelle nous avons payé 0.04 BTC, ce qui a entraîné la création d'une nouvelle transaction de 0.005 BTC (aux frais près) qui est revenue dans notre portefeuille.

2.4 Chaîne de blocs

On sait maintenant comment s'opère un transfert en garantissant la propriété de la somme et l'identité des parties. Il convient encore de s'assurer que la somme transférée ne l'a bien été qu'une seule fois, donc de s'assurer qu'elle est bien disponible et que l'opération sera immuable. C'est le rôle des *mineurs* qui construisent et valident les blocs de transactions.

Selon Satochi Nakamoto : « Le problème est bien sûr que le bénéficiaire ne peut vérifier que le propriétaire n'a pas dépensé deux fois la même pièce. La solution habituelle est d'introduire une autorité centrale de confiance, un hôtel des monnaies, qui vérifie que chaque transaction n'a pas fait l'objet d'une double dépense. [...] Nous avons besoin d'une méthode pour que le bénéficiaire sache que le propriétaire n'a pas déjà signé une transaction auparavant. [...] La seule façon de confirmer cette absence de transactions est d'être informé de toutes les transactions. Pour faire ça sans autorité de confiance, les transactions doivent être annoncées publiquement et nous avons besoin d'un système où les participants s'accordent sur un historique unique de l'ordre dans lequel elles sont arrivées. Le bénéficiaire a besoin de la preuve qu'au moment de chaque transaction, la majorité des nœuds sont d'accord sur le fait que c'est bien la première reçue. » [Nakamoto, 2009] Voyons comment ceci est réalisé concrètement.

Blocs

Les transactions sont diffusées au sein du réseau où les mineurs les regroupent en *blocs*. Pour construire un bloc, on intègre d'abord l'empreinte du précédent bloc validé, puis les transactions en attente. Un bloc peut couramment en contenir plusieurs centaines. Chaque bloc est ainsi relié au précédent dans la *chaîne de blocs* (figure 4.12) [15]. C'est ce mécanisme qui joue le rôle d'« horloge » et qui garantit l'ordre des transactions, donc le fait qu'une somme donnée n'a pas déjà été dépensée. La chaîne de blocs remonte au bloc d'origine (*genesis block*), celui qui a été créé en 2009 par Satoshi Nakamoto quand il a initialisé le réseau Bitcoin.

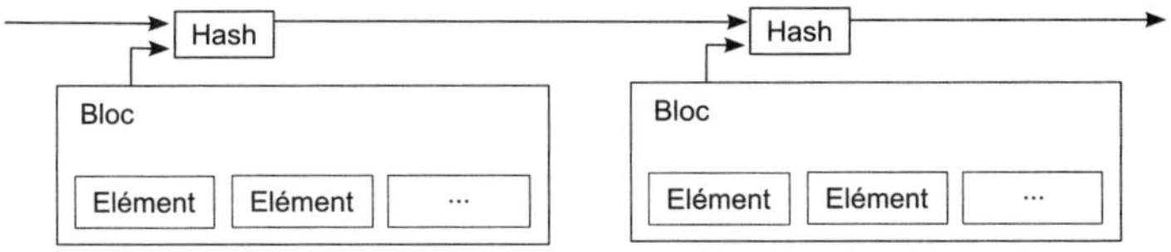

Figure 4.12 – Chaîne de blocs

Preuves de travail

Les transactions sont diffusées, regroupées dans des blocs qui sont eux-mêmes reliés les uns aux autres. Mais comment garantir le respect de l'ordre des blocs (donc celui des transactions), c'est-à-dire faire en sorte qu'il soit immuable ? C'est le rôle du processus de validation qui repose sur les preuves de travail et la chaîne de blocs.

Pour valider un bloc, les mineurs doivent réaliser une tâche difficile, qui nécessite une grande quantité de travail, la *Proof of Work* (Preuve de travail) : « La preuve de travail implique de rechercher une valeur dont l'empreinte, calculée par exemple avec SHA256, commence avec un nombre donné de bits à zéro. Le travail moyen requis

15. D'après [Nakamoto, 2009].

croît de manière exponentielle avec le nombre de bits à zéro demandé et peut être vérifié par un seul calcul d'empreinte. » [Nakamoto, 2009].

Le principe est simple. Quand un nouveau bloc est créé, on ajoute dans son en-tête, un niveau de difficulté (combien de zéros doit comporter la solution) et une variable initialisée à zéro (le *nonce*). Le mineur va tester différentes valeurs du *nonce* jusqu'à ce que l'empreinte du nouveau bloc, qui intègre celle du bloc précédent, commence par le nombre souhaité de bits à zéro (figure 4.13) [16].

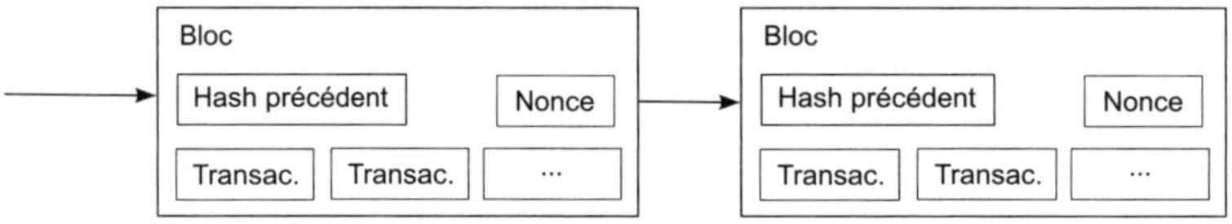

Figure 4.13 – Preuves de travail

Posons que l'on recherche une empreinte commençant par deux zéros. Prenons la phrase : `J'utilise des Bitcoins` et le *nonce* `0`. On va calculer l'empreinte de :

`J'utilise des Bitcoins0 →ae859b473...`

L'empreinte ne satisfait pas aux conditions requises, on va donc modifier le *nonce* et en calculer la nouvelle :

`J'utilise des Bitcoins1 →bc85ea25...`

Comme cela ne correspond toujours pas, on va continuer de tester différentes valeurs du *nonce* :

`J'utilise des Bitcoins2 →f8e24af8...`

`J'utilise des Bitcoins3 →5fea48b6...`

...

`J'utilise des Bitcoins879 →cb4ae945...`

...

`J'utilise des Bitcoins27634 →00a54e78...`

Après un certain nombre d'essais (au niveau de difficulté actuel, ce sont plusieurs centaines de millions d'essais en moyenne), le mineur finit par trouver la valeur du *nonce* qui satisfait aux conditions de difficultés. Il peut alors diffuser le bloc et il suffira aux autres mineurs de calculer l'empreinte avec la valeur du *nonce* découverte pour vérifier que le travail a bien été fait. Le bloc peut alors être intégré dans la chaîne de blocs.

Grâce à *Blockchain.info* (figure 4.14 page suivante), on peut voir que notre première opération de paiement appartient au bloc 354111 qui contient 2570 transactions. Le *nonce* est de 1682152691 et l'empreinte obtenue est :
`0000000000000000b1b86c3fd4a7076b4a45093fd57522c8b059cd8a2bd84c0.`

16. D'après [Nakamoto, 2009].

Bloc 354111

Résumé

Nombre de transactions	2570
La production totale	41,398.87902243 BTC
Volume estimé des transactions	2,820.65367858 BTC
Frais de transaction	0.34752739 BTC
Taille	354111 (Chaîne principale)
Date (timestamp)	2015-04-28 15:45:08
Difficulté	47,610,564,513.47
Bits	404166640
Taille	731.583984375 KB
Version	2
nonce	1682152691
Récompense du bloc	25 BTC

Hashes

Hash	00000000000000000b1b86c3fd4a7076b4a45093fd57522c8b059cd8a2bd84c0
Bloc précédent	000000000000000011488c933ae5aea4eb836f069eb96d661251f69068d00551
Bloc(s) suivant(s)	000000000000000012610a8881bd4e8a606d2160bbb54388d7a4bc495b43da98

Figure 4.14 – Le bloc de notre premier paiement

Pour illustrer le fonctionnement de la chaîne de blocs, on peut utiliser la métaphore du menuisier. Pour assembler les différents composants successifs, il doit tailler un tenon spécifique dépendant des formes des composants précédents et courants. Le taillage du tenon correspond alors à la preuve de travail, il est difficile à réaliser, mais on peut le vérifier très simplement, puisqu'il suffit de s'assurer que les deux blocs s'emboîtent parfaitement (figure 4.15).

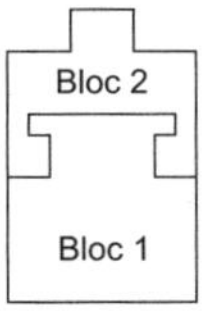

Figure 4.15 – Construction de la chaîne de blocs

Une fois découvert, le bloc est diffusé au sein du réseau. Chaque nœud qui le reçoit vérifie que l'empreinte est correcte (mais aussi d'autres éléments comme la validité des transactions qu'il contient) et l'ajoute alors à la chaîne. Toute la beauté de l'algorithme tient dans ce processus de vérification indépendante par les différents nœuds qui conduit à un *consensus émergent*.

Du fait du processus de vérifications indépendantes, deux blocs peuvent être validés sensiblement au même moment. Deux branches sont alors susceptibles de se former. C'est un *fork* (une fourchette). Chaque nœud gère ainsi la chaîne principale, mais aussi les éventuels *forks* (figure 4.16).

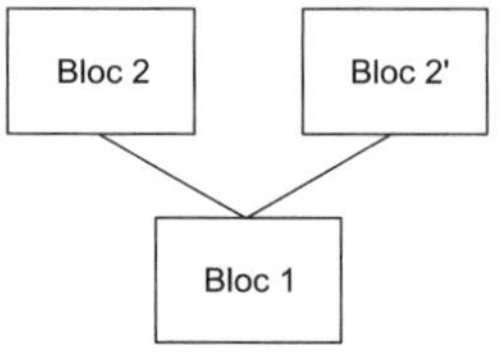

Figure 4.16 – Émergence d'un *fork*

Le point important ici est que le système valide toujours les blocs en fonction de la quantité de calculs cumulée nécessaire à leur intégration, soit de manière très générale, en fonction de la longueur totale de la chaîne. Si deux blocs sont validés sensiblement au même moment, deux chaînes vont se développer, mais, du fait du caractère décentralisé du système, l'une d'entre elles va rapidement prendre le dessus, parce que plus de mineurs l'auront intégrée (ou plus exactement, plus de puissance de calcul y aura été consacrée). Le fork va alors disparaître au profit d'une chaîne unique (figure 4.17). C'est le principe du *consensus émergent*.

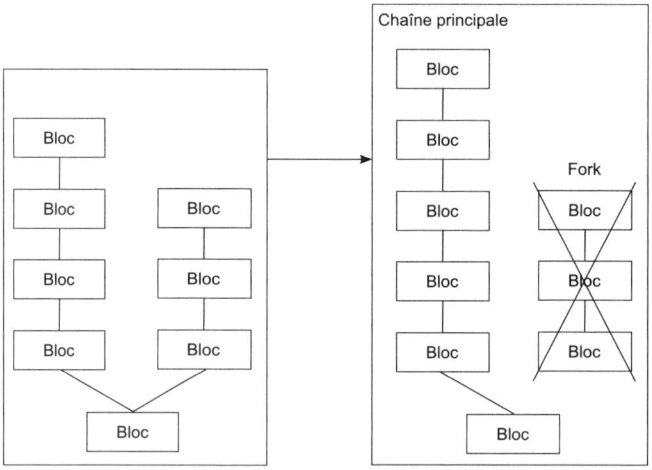

Figure 4.17 – Gestion d'un *fork*

On a ainsi la certitude qu'une seule chaîne peut durablement se diffuser et, en conséquence, qu'une transaction ne peut engager deux fois le même montant. Que va-t-il se passer si quelqu'un essaie de dépenser deux fois la même somme [17] ? L'indélicat va devoir lutter contre la capacité de calcul de l'ensemble du réseau. En effet, si l'on veut que le *fork* que l'on a créé entre définitivement dans la chaîne de blocs, il devra être au moins aussi long que la chaîne principale. Il faudra donc recalculer le bloc contenant la transaction visée, mais aussi tous les blocs successifs qui auront été validés entre temps. Pour reprendre notre métaphore, le menuisier devra tailler le tenon du bloc visé, mais aussi retailler les tenons de l'ensemble des autres blocs validés suivants. Il lui faudra donc en théorie tailler plus rapidement que l'ensemble des plus rapides des autres mineurs (figure 4.18). Le système Bitcoin considère comme définitivement validés les blocs qui ont au moins six blocs au-dessus d'eux.

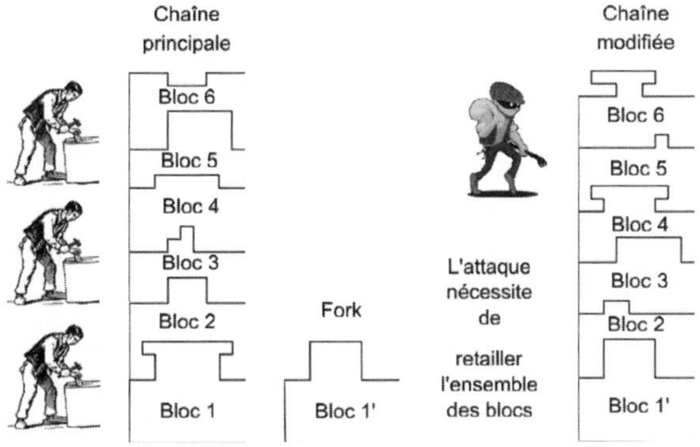

Figure 4.18 – Attaque de la chaîne de blocs

Satoshi Nakamoto résume l'approche ainsi : « Si la majorité de la puissance processeur est contrôlée par des nœuds honnêtes, la chaîne honnête va croître le plus vite et va distancer toute autre chaîne en compétition. » [Nakamoto, 2009]. En conséquence, une attaque serait possible si quelqu'un disposait de la majorité de la puissance de calcul. C'est « l'attaque 51 %. » Avec une telle puissance de calcul, un attaquant peut jouer sur la double dépense, mais il peut également faire en sorte d'ignorer certaines adresses ou transactions en contrôlant de fait la chaîne de blocs.

Aujourd'hui, la puissance du réseau est estimée à 4,5 Zétaflops ou 4.500.000 Pétaflops selon *bitcoinwatch.com*. La puissance cumulée des 500 premiers superordinateurs est de 308 Pétaflops [18]. Le réseau Bitcoin aurait donc une puissance de calcul près de 15.000 fois supérieure à celle cumulée des 500 premiers superordinateurs. Ce type de calcul laisse un peu dubitatif. Il n'en montre pas moins l'énormité de la puissance du réseau Bitcoin et, en conséquence, qu'une attaque 51 % est en soi pour le moins improbable.

17. Une attaque ne peut porter théoriquement que sur ses propres transactions, on doit disposer de la clé privée pour valider une transaction quelconque.

18. *top500.org/statistics/list*, vu le 28/5/2015.

Minage et création monétaire

Le processus de minage, lourd, nécessite une grande puissance de calcul. En avril 2014, on a pu estimer que le minage d'un BTC consommait environ 240 kWh [19], soit un coût d'une trentaine d'euros. Les mineurs se rémunèrent en créant des Bitcoins quand ils découvrent un bloc. La récompense initiale était de 50 BTC. Elle est divisée par deux tous les 210.000 blocs (soit environ tous les quatre ans) et est actuellement de 25 BTC et devrait passer à 12,50 BTC en 2016. Quand il découvre un bloc, le mineur y ajoute une transaction spécifique (*coinbase*) qui lui permet de se rémunérer. Au final, environ 21 millions de Bitcoins doivent être créés. On prévoit que ceci sera terminé vers l'année 2140. À partir de là, les mineurs ne seront plus rémunérés que grâce aux frais sur les transactions.

Par construction, le réseau doit valider en moyenne un bloc toutes les dix minutes. La difficulté (le nombre de zéros demandés pour l'empreinte) est ainsi réajustée, indépendamment pour chaque nœud, tous les 2 016 blocs (environ deux semaines) de manière à ce que le réseau s'adapte aux évolutions de la capacité de calcul.

Aujourd'hui, les outils utilisés par les mineurs sont d'une puissance rare. On est passé du simple processeur, à l'usage des GPU (processeur graphique), puis à des ASIC, c'est-à-dire des puces spécifiquement conçues pour le minage. Les investissements tant en matériel qu'en électricité sont en conséquence [20]. Pour augmenter les probabilités de gain, les mineurs se regroupent en *pools*. Les Bitcoins générés sont alors répartis en fonction de la contribution de chacun. La concentration de ces groupes peut poser un réel problème de sécurité. Le pool *Ghash.io* a dû se fendre d'un communiqué en juin 2014 pour assurer la communauté que, malgré sa puissance, il n'entrerait jamais dans une attaque 51 %. En pratique cela reste très improbable, ne serait-ce que parce que les mineurs tendent à quitter spontanément les pools trop importants.

2.5 Une courte synthèse

Le système Bitcoin repose sur une chaîne de transactions authentifiées. La notion de chaîne est essentielle, car, en traçant une fraction quelconque de Bitcoin depuis son origine, elle en garantit la propriété. Pour faire simple, quand on procède à un paiement, l'adresse du propriétaire actuel est indirectement fournie au bénéficiaire par le propriétaire précédent. On a ainsi la certitude que les Bitcoins qui doivent être transférés appartiennent bien au payeur (figure 4.19 page ci-contre).

L'authentification repose sur les mécanismes de chiffrage asymétrique que l'on a vus au chapitre deux et s'appuie sur le fait qu'une adresse Bitcoin est reliée par construction à une clé privée.

En substance, une transaction se passe de la manière suivante :

19. *coindesk.com/carbon-footprint-bitcoin*, vu le 26/5/2015.

20. *bitcoin.fr/post/Les-confessions-d-un-mineur-de-bitcoin*, vu le 30/5/2015.

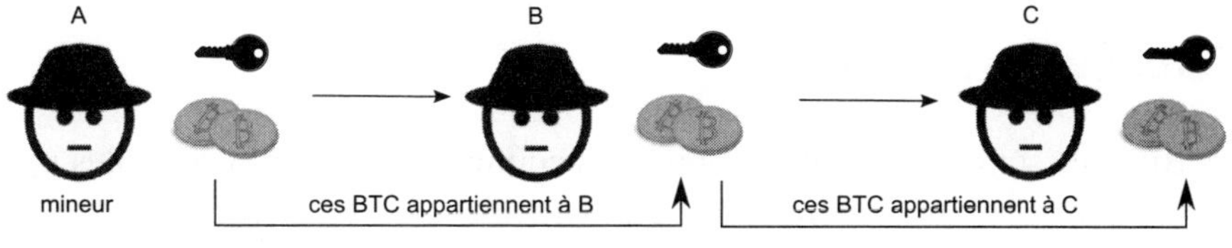

Figure 4.19 – Transaction et authentification

— Le payeur vérifie l'adresse du destinataire qui, grâce à sa clé privée, garantit qu'il en est bien le propriétaire.
— Le bénéficiaire vérifie que la somme appartient bien au payeur. Pour ça, il interroge des éléments de transaction qui ont été fournis par le propriétaire précédent.
— Le bénéficiaire vérifie que l'adresse du payeur lui appartient bien grâce au lien adresse / clé publique / clé privée.

Le problème de la double dépense est réglé grâce au *consensus émergent* créé par les preuves de travail nécessaires à l'intégration dans la chaîne de blocs, qui joue le rôle d'horloge et assure l'immuabilité des opérations. Les transactions sont regroupées en blocs reliés les uns aux autres grâce à leur empreinte. La preuve de travail nécessite de résoudre un problème mathématique demandant une grande puissance de calcul, mais dont les résultats peuvent être aisément vérifiés. Une fois validé, c'est-à-dire une fois le « travail » accompli, un bloc est ajouté à la chaîne et sert de base au bloc suivant. En conséquence, si l'on veut tenter une action frauduleuse, comme le fait de dépenser deux fois la même somme, on devra disposer d'une puissance de calcul suffisante pour recalculer son propre bloc et tous les blocs validés suivants. Si la puissance de calcul des nœuds honnêtes est supérieure à celle du nœud frauduleux, la tentative de falsification est théoriquement impossible. On garantit ainsi l'ordre des transactions (figure 4.20).

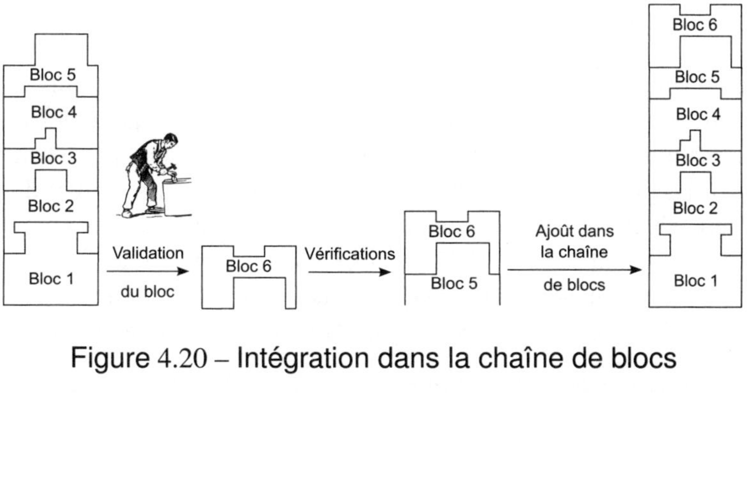

Figure 4.20 – Intégration dans la chaîne de blocs

3. Bitcoins et anonymat

Les Bitcoins sont régulièrement présentés comme un outil au service des opérations illicites. Permettant de commercer anonymement, ils faciliteraient grandement les activités des mafias diverses et seraient un nouvel outil de blanchiment. En ce sens, le rapport du ministère des Finances sur l'encadrement des monnaies virtuelles est révélateur et propose tant d'en limiter l'usage, que de travailler à en réduire l'anonymat [Ministère des finances, 2014].

S'il est incontestable que les Bitcoins sont la monnaie de prédilection des sites de ventes de produits illégaux, y voir un outil au service du grand banditisme relève encore du fantasme. D'abord, la volatilité des Bitcoins en rend l'usage très risqué. Savoir que son capital peut perdre 10 % de sa valeur d'un jour sur l'autre s'accommode mal des opérations et structures d'ampleur. Ensuite, les Bitcoins ne sont nullement anonymes et, dès l'origine, Satoshi Nakamoto a insisté sur la nécessité d'utiliser une nouvelle adresse pour chaque réception de Bitcoins, si l'on veut limiter les possibilités de traçage.

Par construction, l'ensemble des opérations est public. Quiconque souhaite tracer une opération peut remonter à son origine. À partir de là, si les Bitcoins ont été acquis par achat classique (virement bancaire par exemple), il sera toujours possible de retrouver l'identité de l'acheteur auprès du service qui les a vendus. Des services existent qui ont pour objet de rendre les transactions anonymes : les *Bitcoin mixer*. Le principe consiste à agréger des opérations, les mélanger autant que possible, puis à payer enfin les destinataires. Dans ce contexte, il est nettement plus difficile de tracer l'origine d'une transaction. Ces outils sont d'une efficacité relative :

— On doit s'en remettre au mixer qui peut à tout moment partir avec la caisse.

— Des traitements statistiques peuvent limiter l'efficacité du processus d'anonymisation.

Les systèmes de type *Coinjoin* mélangent également les transactions, mais ont l'avantage de ne pas nécessiter de tiers. Le projet *Darkwallet* s'inscrit dans cette logique.

Au-delà du simple suivi des transactions, il existe des méthodes plus techniques qui permettent de retrouver les adresses IP d'un ensemble de transactions [21]. On va par exemple mettre à profit le fait que les nœuds utilisés par quelqu'un sont souvent les mêmes, car les plus proches, et utiliser cette asymétrie pour identifier des IP.

De manière générale, et compte tenu du fait que la chaîne de blocs est publique, certaines opérations sont susceptibles de compromettre l'anonymat [22] :

— Les normes financières obligent les plates-formes officielles à s'assurer de l'identité des acheteurs, y acquérir ses Bitcoins lève tout anonymat.

21. Voir par exemple : [Koshy *et al.*,], [Reid et Harrigan, 2013], [Biryukov *et al.*, 2014].

22. Voir notamment : *bitcoinhelp.net*

— Acheter des produits qui doivent être livrés oblige naturellement à révéler son identité.
— Les clients légers comme MultiBit diffusent énormément d'information lors des transactions (dont l'IP).
— La possibilité existant d'identifier les IP liées aux transactions, toute opération qui n'est pas réalisée à travers Tor ou un VPN est susceptible de permettre une identification.

4. Altcoins

Les Bitcoins sont la plus ancienne et la plus importante des crypto monnaies, mais il en existe désormais de très (trop) nombreuses autres. Au 25 mai 2015, le site *coinmarketcap.com* en recensait 622 [23] ! Les dix plus importantes capitalisaient un total de près de 3,5 milliards d'euros et représentaient plus de 15 millions d'euros de transactions par jour (table 4.1) [24].

Monnaie	Capitalisation (€)	Volume (24h) (€)
Bitcoin	3 073 362 001	13 139 984
Ripple	201 550 810	271 130
Litecoin	64 897 006	1 475 746
Stellar	14 522 164	41 501
BitShares	14 372 531	114 538
Dash	13 965 887	43 711
Dogecoin	12 883 759	244 296
Nxt	10 628 235	55 960
BanxShares	7 533 727	12 539
MaidSafeCoin	7 507 090	571
Total	3 421 223 210	15 399 976

TABLE 4.1 – Les dix principales crypto monnaies au 25 mai 2015

Le marché de la création des monnaies alternatives est visiblement extrêmement actif. Certaines se veulent spécifiquement orientées vers un anonymat renforcé comme *Dash* (anciennement *Darkcoin*) ou *BitcoinDark*. D'autres visent des « marchés » spécifiques, comme *X-Children* qui cible l'aide aux enfants de Gaza. On assiste même à l'apparition de systèmes capables d'opérer sur plusieurs types de crypto monnaies comme *SuperNet* (*www.supernet.org*) ou *Blocknet* (*blocknet.co*).

Pour Cyril Fiévet [Fiévet, 2014], on peut classer les Altcoins ainsi :

23. Il y en avait 668 à la fin de l'année 2015.
24. Données *coinmarketcap.com*

— Les Altcoins pourries qui vont des essais non maîtrisés aux escroqueries pures et simples.
— Les Altcoins de type Bitcoin, mais améliorant le protocole. Les *Litecoins* utilisent ainsi au lieu du SHA256 un système nommé *Scrypt* qui permet de miner avec un simple ordinateur, sans donc avoir besoin d'utiliser des machines dédiées hyper puissantes. *Peercoin*, de son côté, a introduit le concept de *preuve d'intérêt* (Proof of Stake) où la validation des blocs est fonction de l'*intérêt* (montant détenu, durée de détention...) que l'on porte à la monnaie. Ce principe a été repris par des monnaies importantes comme *Nxt* ou *BlackCoin*. Il présente l'énorme avantage de nécessiter infiniment moins de puissance de calcul que les monnaies basées sur les processus de hachage, mais pose des problèmes de sécurité qui font toujours débat.
— Les Altcoins « classiques, » mais visant une communauté spécifique comme les *X-Children*.
— Les Altcoins innovantes cherchant à dépasser les Bitcoins. Basés sur des principes originaux, mais forts de l'expérience Bitcoin, ils cherchent à aller au-delà. *BitShares* par exemple déclare avoir « éliminé le fardeau de la volatilité » (*bitshares.org*) en garantissant la parité de sa monnaie. D'autres utilisent cette technologie à des fins n'ayant rien à voir avec le but originel (voir plus bas).

Le marché est donc florissant, mais aussi d'un danger extrême. Il est maintenant relativement facile pour quiconque ayant quelques bases techniques de créer une nouvelle crypto monnaie et nombre d'entre elles disparaissent aussi vite qu'elles sont apparues. Certains projets n'en sont pas moins très solides et témoignent de ce que pourra éventuellement être la *révolution Bitcoin*.

5. La révolution Bitcoin ?

On entend régulièrement parler de la *révolution Bitcoin*. Au-delà des fantasmes, qu'en est-il réellement ?

5.1 Bitcoins et instruments financiers

Les Bitcoins sont souvent présentés par les zélotes comme un outil de libération, de rupture avec l'aliénation dans laquelle banques et États nous maintiendraient. Totalement indépendant des structures de pouvoir, le réseau Bitcoin serait un instrument d'affranchissement des masses.

À ce jour, on est plus dans la déclaration politique plus ou moins bien assimilée que dans l'analyse objective. Si l'on peut comprendre, après la crise financière de 2008, que le grand public soit pour le moins méfiant vis-à-vis du système financier, considérer qu'il serait pertinent que les États perdent la maîtrise de la politique monétaire, relève de la fantaisie. Voir un progrès dans un système totalement rigide et hors de toute régulation ne peut satisfaire que des libertariens extrêmes. C'est nier tout rôle aux choix des corps sociaux et aux orientations politiques associées. Quoi qu'il en soit, aucun État ne saurait accepter que l'essentiel des transactions monétaires lui échappe.

Pour autant, les Bitcoins comme instrument financier ne doivent pas être négligés et les grands acteurs ont conscience de la nécessité d'en suivre l'évolution, comme en témoigne le rapport annuel de la banque JP Morgan [Dimon, 2014]. Les Bitcoins, et les Altcoins de manière générale, présentent en effet des avantages importants.

Tout d'abord, ils représentent une unité de compte mondiale. On peut payer n'importe où dans de monde sans avoir à se soucier des problématiques liées aux frais de change. En ce sens, c'est un instrument de paiement unique.

Ensuite, les frais liés aux opérations sont faibles et indépendants du montant de la transaction. Une étude de Goldman-Sachs [Sachs, 2014] estime que les commerçants américains pourraient économiser plus de 160 milliards de dollars de frais bancaires liés aux paiements électroniques de leurs clients. De même, les consommateurs pourraient économiser plus de 40 milliards de dollars sur les frais de transfert.

On note enfin que les Bitcoins sont susceptibles d'ouvrir vraiment la voie aux micropaiements. La faiblesse des frais de transaction rend possibles des paiements en ligne de très faibles montants. Si les écosystèmes Android ou iTunes reposent sur des paiements de quelques euros, on pourrait encore gagner un ordre de grandeur avec des transactions de quelques centimes, et permettre l'émergence d'une pluie de services innovants qui n'ont pas encore trouvé leur modèle économique.

Tous ces avantages sont réels, mais il convient de rester très prudent :

— La faiblesse des frais ne durera peut-être pas. Les coûts de minage vont croissant avec le développement du réseau, alors que le paiement de la découverte des blocs se réduit.
— Les États sont à l'affût et interviendront d'une manière ou d'une autre si le phénomène prend de l'ampleur.
— L'instabilité de la monnaie en rend l'usage délicat si on veut l'utiliser de manière habituelle.

L'heure n'est pas venue où les crypto monnaies se substitueront aux monnaies classiques. En revanche, la promotion de ces outils, associée aux progrès à venir dans la convivialité de leur usage, va immanquablement en stimuler la croissance et la probabilité est significative que nous soyons nombreux à utiliser une crypto monnaie dans l'avenir. Déjà, une trentaine de grandes banques, dont la Société Générale ou Morgan Stanley, se sont associées dans un projet visant à adapter la technologie de la chaîne de blocs à leurs propres besoins.

5.2 Chaîne de blocs et nouveaux usages

Quiconque s'intéresse de près aux Bitcoins sait que si révolution il doit y avoir, elle ne s'appuiera pas sur la dimension financière, mais plus probablement sur cette fascinante innovation qu'est la chaîne de blocs. Cette technologie permet identification et authentification sans qu'il y ait nécessité d'un tiers de confiance.

Les *smart contracts* (contrats intelligents) sont parfois présentés comme étant la *killer-app* des Bitcoins. Ce sont simplement des logiciels qui permettent de valider et exécuter un contrat. Ils ont été proposés par Nick Szabo (que beaucoup soupçonnent d'être Nakamoto) dès 1994 [25], mais il a fallu attendre l'arrivée des Bitcoins pour que les outils logiciels nécessaires soient disponibles. On peut prendre comme exemple simple l'achat de matériel en ligne. Dans ce cas, le *smart contract* pourrait vérifier auprès du transporteur que la livraison a eu lieu et a bien été acceptée avant de libérer le paiement.

De manière générale, une partie significative des accords qui nécessitent un juriste ou un notaire pourrait se faire désormais sans intermédiaire. Vous pouvez par exemple confier votre testament à un tel système. Il sera authentifié, impossible à modifier et pourra vérifier de lui-même la nécessité de sa mise en œuvre en s'assurant que vous êtes bien décédé. De même, la propriété pourrait relever de la chaîne de blocs. Si vous louez un équipement quelconque, le propriétaire pourra faire en sorte que vous y accédiez grâce à un *smart contract*, lequel pourra de lui-même bloquer les accès une fois la location terminée. Des initiatives importantes ont été prises dans ce domaine. Ethereum (*ethereum.org*) propose une nouvelle crypto monnaie, mais, surtout, cherche à faire en sorte d'élargir l'usage de cette technologie notamment aux *smart contracts*. *Ripple*, pour prendre un autre acteur important, est dans une logique similaire.

Parmi les premières applications nouvelles, on a proposé la *Preuve d'existence* (*proofofexistence.com*), qui permet de certifier que l'on détient un document à une date donnée. Des sites comme *Factom* vont bien au-delà et proposent d'identifier et stocker tout document : « *Factom* utilise la technologie des Bitcoins pour changer la façon dont les entreprises gèrent leurs données et en conservent les enregistrements. » (*factom.org*).

Autre exemple, *Counterparty* ne se limite pas à l'échange monétaire : « À la différence des Bitcoins ordinaires, nos jetons peuvent être utilisés pour distribuer des dividendes, conférer des droits de vote, comme tickets électroniques, comme moyen d'accès à du contenu, et plus encore. » (*counterparty.io*).

Namecoin (*namecoin.info*) propose de son côté un substitut à l'ICANN (le service de gestion des noms de domaines) en gérant des domaines en *.bit* identifiés grâce à une chaîne de blocs. Ce système complique fortement la censure.

De manière générale, tous les systèmes d'authentification qui nécessitent actuellement une autorité de confiance pourraient avoir une déclinaison sous cette forme nouvelle, des droits de vote à la certification d'œuvres d'art en passant par les titres

25. *szabo.best.vwh.net/smart.contracts.html*, vu le 30/8/2015.

de propriété. Le gouvernement du Honduras étudie actuellement la possibilité de gérer son cadastre avec une chaîne de blocs [26].

Les usages restent à inventer, mais il est certain que cette nouvelle technologie est potentiellement porteuse de très nombreuses évolutions, dont certaines d'importance. C'est d'abord là que se situe l'éventuelle révolution Bitcoin à venir.

26. *in.reuters.com/article/usa-honduras-technology-idINKBN0O01V720150515*, vu le 1/12/2015.

Troisième partie
Usages

Chapitre 5 Noirceurs

Les espaces interlopes ont fait la notoriété du Darknet. Lieu de toutes les déviances, le souffre serait au cœur de ce paradis des criminels et autres escrocs. Des marchés noirs aux forums haineux, en passant par la plus horrible des littératures, certains lieux y sont effectivement effrayants. Ce n'est là qu'une petite partie du Darknet, mais elle existe, elle est dynamique et elle attire.

1. Marchés noirs

La déviance est consubstantielle aux corps sociaux et, de tout temps, fripouilles et autres crapules ont su s'allier la technologie. Les réseaux informatiques n'y ont pas échappé, le trafic y a devancé le commerce. « En 1971 ou 1972, des étudiants utilisant des comptes ARPANET du laboratoire d'intelligence artificielle de l'université de Stanford ont engagé des transactions commerciales avec leurs homologues du MIT. Avant Amazon, avant eBay, l'acte fondateur du commerce électronique a été un trafic de drogue. Les étudiants ont utilisé le réseau pour organiser tranquillement la vente d'une quantité indéterminée de marijuana [1]. »

Depuis, on a changé d'échelle. L'arrivée du web, puis celle des outils de navigation anonyme et des Bitcoins ont permis l'émergence de supermarchés illégaux opérant au niveau planétaire, dont, même disparu, *Silk Road* reste l'incarnation ultime.

Silk Road a ouvert ses portes en 2011. Le principe était extrêmement simple : devenir une plate-forme de mise en relation des vendeurs et acheteurs de stupéfiants. À l'instar de la Marketplace d'Amazon, chacun pouvait proposer ses produits à la vente, le site prenant une commission sur les opérations. Très professionnel (figure 5.1 page suivante) [2], il fonctionnait comme n'importe quel prestataire de vente en ligne avec ses promotions, ses commentaires clients et naturellement son système d'évaluation

1. [Markoff, 2006], cité dans *theguardian.com/science/2013/apr/19/online-high-net-drugs-deal*, vu le 25/9/2015.

2. D'après [Christin, 2013].

des « commerçants » (figure 5.2 page ci-contre). Selon une étude menée sur six mois en 2012, 96,5 % des évaluations (près de 180.000) étaient de 5 sur 5 et à pleine plus de 2 % étaient notées 3 ou moins [Christin, 2013].

Figure 5.1 – Silk Road en 2012

Silk Road, géré par un certain Ross Ulbricht, dit *Dread Pirate Roberts*, a connu un succès impressionnant. Arrêté en octobre 2013, son acte d'accusation dit : « Depuis environ janvier 2011, jusqu'à septembre 2013 inclus, dans le district sud de New York et ailleurs, Ross William Ulbricht [...] et d'autres connus ou non, ont intentionnellement [...] conspiré [...] pour violer la loi américaine sur les stupéfiants. [...] Au cours de ses deux ans et demi de fonctionnement, Silk Road a été utilisé par plusieurs milliers de vendeurs de drogue [...] et a distribué des centaines de kilogrammes [...] Dans l'ensemble, le site a généré pour environ 9,5 millions de BTC et encaissé plus de 600.000 BTC de commissions [3]. » Au cours du moment (à peu près 100 dollars), on parle tout de même d'environ 1 milliard de dollars de transactions et 60 millions de commissions !

À peine plus d'un mois après l'arrestation d'Ulbricht, une version 2.0 de Silk Road a ouvert. Elle a été fermée en novembre 2014 après l'arrestation de Blake Benthall, le nouvel administrateur. Aujourd'hui, la marque a été reprise et un Silk Road 3.0 a ouvert, mais il n'est que l'ombre de la version d'origine. On estime que les principales places de marché généraient avant la fermeture de Silk Road 2, un chiffre d'affaires quotidien de plus de 600 000 dollars [Soska et Christin, 2015].

La fin de Silk Road ne fut naturellement qu'un avatar et il existe aujourd'hui, une multitude de places de marché qui proposent des produits et services très va-

3. *cs.columbia.edu/ smb/UlbrichtCriminalComplaint.pdf*, vu le 30/9/2015.

anonymous reviewing 2 days ago on 1g HIGH QUALITY sativa. Free p+p. UK only. (0.085945 BTC) (item.php_id=FVwnz69jrw9ysDFC6yNVUbu7E9MfyZxdV2zv7HNy)

5/5 - Excellent Service

This was my first order on Darknet and I was a bit worried that my order might not be delivered. Before giving the order, I asked the vendor tons of questions and the vendor replied all of my questions in a very short term. He clarified as much as he can.
My order has arrived on the date as the vendor promised and the packaging was excellent.The weed is just-right.
I will definitely order again!

anonymous reviewing 6 days ago on 1g HIGH QUALITY sativa. Free p+p. UK only. (0.280382 BTC) (item.php_id=FVwnz69jrw9ysDFC6yNVUbu7E9MfyZxdV2zv7HNy)

5/5 - No title

Great bud, well packaged and next day delivery. Best quality and service seller in the UK

anonymous reviewing 6 days ago on 3g HIGH QUALITY Cannabis Mix. (0.122222 BTC) (item.php_id=Dk8VUH5FC6FkB8ZKSrLGJ xvAh85DDO2f7ab2SgHu)

5/5 - 3g HIGH QUALITY Cannabis Mix

excellent mix, good smoke

anonymous reviewing 6 days ago on 1g HIGH QUALITY sativa. Free p+p. UK only. (0.086716 BTC) (item.php_id=FVwnz69jrw9ysDFC6yNVUbu7E9MfyZxdV2zv7HNy)

5/5 - No title

Arrived quickly and well packed

Figure 5.2 – Commentaires clients sur un site de ventes de stupéfiants

riés. Avec plus de 10.000 offres différentes, l'exemple ci-dessous (figure 5.3 page suivante) montre que l'arrêt de Silk Road a ouvert la voie à d'autres. Une étude de 2015 a clairement confirmé que les marchés noirs sont extrêmement résilients et que l'arrêt de l'un ou l'autre est rapidement compensé par des transferts ou de nouvelles ouvertures [Soska et Christin, 2015].

L'offre illégale ne se limite pas aux stupéfiants. On peut trouver des armes à feu (figure 5.4 page suivante), de la fausse monnaie (figure 5.5 page 119) ou de faux papiers (figure 5.6 page 119), mais aussi les habituels produits électroniques « tombés du camion, » à tel point d'ailleurs que les grandes marques ont des sites dédiés. Ceux qui souhaitent une nouvelle vie pourront s'y procurer un assortiment de faux papiers, commercialisé comme « kit de changement d'identité. » On peut aussi louer les services d'un pirate (figure 5.7 page 120) ou acheter des « kits de piratage » utilisables sans connaissance technique, pour le plus grand bonheur des conjoint(e)s jaloux(ses). Pour quelques dizaines d'euros, ils pourront suivre les appels de leur partenaire, lire

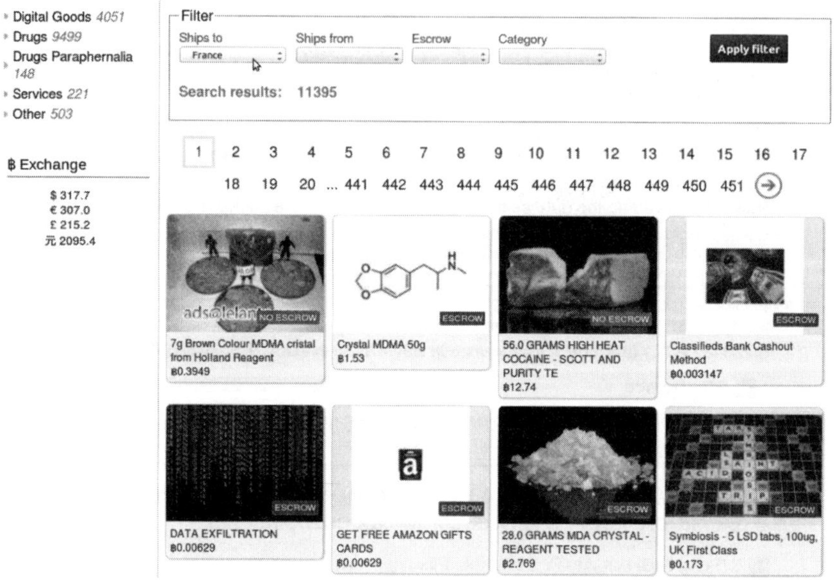

Figure 5.3 – Une plate-forme en ligne

leurs textos, éventuellement écouter leurs communications, voire déclencher le micro à distance afin d'écouter ce qu'il se passe alentour.

Figure 5.4 – Une arme

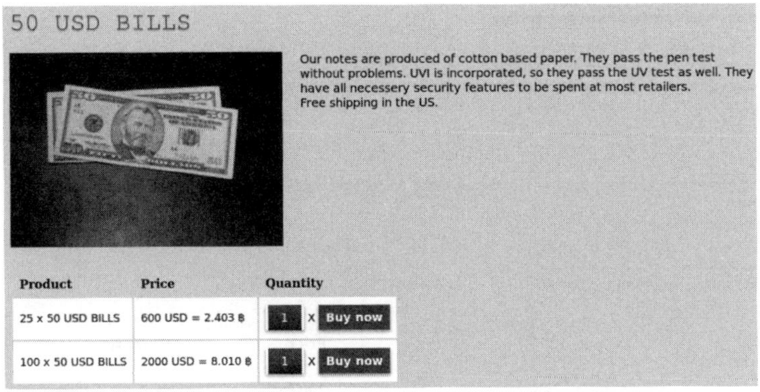

Figure 5.5 – De faux dollars

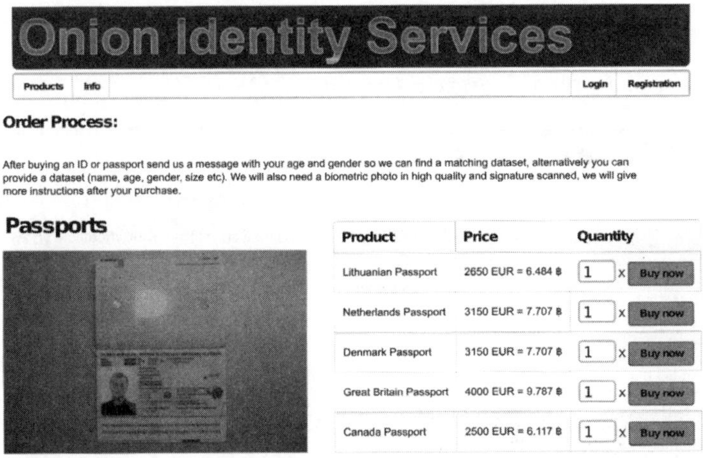

Figure 5.6 – De faux passeports

Les grands hébergeurs web proposent aux commerçants des boutiques clé en main. Sans connaissance technique, on peut composer ses rayons, préparer des offres spéciales et bien sûr traiter les paiements en ligne. Ces offres existent aussi sur le Darknet et permettent à chacun de construire son propre magasin de contrebande (figure 5.8 page suivante).

Le projet du groupe d'artistes suisses *!Mediengruppe Bitnik*[4] illustre parfaitement la diversité de l'offre. Ils se sont amusés à programmer le *Random Darknet Shopper*, un robot qui se promène sur les marchés noirs pour y faire des achats. Après quelques semaines, il avait fait envoyer à ses concepteurs le florilège suivant :

— de faux jeans Diesel,

4. *wwwwwwwwwwwwwwwwwwwwww.bitnik.org* (ce n'est pas une coquille).

Rent-A-Hacker

Experienced hacker offering his services!
(Illegal) Hacking and social engineering is my bussiness since i was 16 years old, never had a real job so i had the time to get really good at hacking and i made a good amount of money last +-20 years.
I have worked for other people before, now im also offering my services for everyone with enough cash here.

What ill do:
Ill do anything for money, im not a pussy :) if you want me to destroy some bussiness or a persons life, ill do it!
Some examples:
Simply hacking something technically
Causing alot of technical trouble on websites / networks to disrupt their service with DDOS and other methods.
Economic espionage
Getting private information from someone
(...)

Product	**Price**	**Quantity**
Small Job like Email, Facebook etc hacking	200 EUR = 0.639 ฿	1 X Buy now
Medium-Large Job, ruining people, espionage, website hacking etc	500 EUR = 1.597 ฿	1 X Buy now

Figure 5.7 – Louer les services d'un pirate informatique

Buy your own .onion store

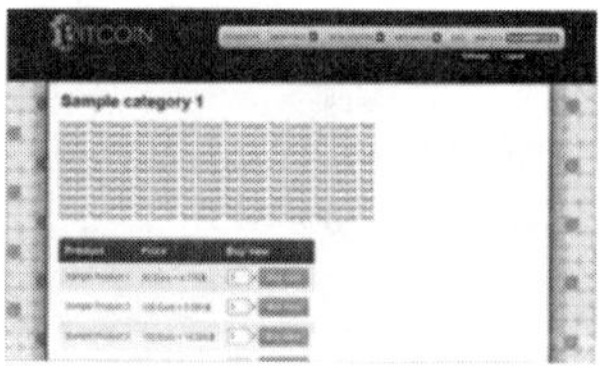

Get your own .onion store with full Bitcoin integration.

You want to run an independent shop as a Tor hidden service anonymously?
You want to accept Bitcoins as payment for your goods or services?
Maybe already selling on SilkRoad but you would prefer to have your own website?
TorShops lets you create a shop like this for affordable prices.
With TorShops anyone can run a store as a Tor hidden service and accept Bitcoins without having to worry about technical details.
Create an account to contact us if you have any questions!

Features:

- Integrated Bitcoin Wallet
- Message Center for easy communication with customers
- Easy tracking of orders, users have to pay before order gets submitted
- Intelligent inventory management
- Support for multiple categories
- You may use HTML to make your product descriptions more unique
- Secure and fast server with daily backups

- Choose between many free design templates or buy your own custom design template
- Free custom logo for every store
- Sub-Forum in the TorShops Forums for user feedback and reviews
- Free listing on TorLinks: torlinkbgs6aabns.onion and other sites

Figure 5.8 – Une boutique clé en main

— une *stash can* (canette à compartiment secret),
— une *Decoy Letter* (courrier destiné à vérifier si l'on est espionné),
— un passeport hongrois,
— une casquette de baseball avec une caméra cachée,
— une paire de fausses baskets *Nike*,
— 10 cachets d'ectasy,
— une carte *Visa Platinum*,
— 10 cartouches de *Chesterfield*,

— la collection complète des livres du Seigneur des Anneaux.

Comment fonctionnent les marchés noirs ?

Sur le Darknet comme ailleurs, recourir au marché noir revient à prendre un risque certain. On ne connaît pas son interlocuteur et l'on n'a aucun recours en cas de problèmes. Quand on envoie des Bitcoins à un marchand, si aucune précaution n'est prise, il peut aisément disparaître dans la nature.

Afin de limiter les risques, il est d'usage d'utiliser un « tiers de confiance. » Ces *escrows* jouent le rôle d'intermédiaire. On y dépose ses fonds et l'on demande à ce qu'ils soient débloqués quand la livraison s'est bien passée. En cas de litige, l'escrow a en charge la procédure de médiation. Certains vendeurs exigent, quand on passe par un escrow, d'accepter le processus de finalisation anticipée (*Finalize Early*) qui demande de débloquer les fonds dès la commande. Ce processus n'est en théorie utilisable que lorsque l'on connaît déjà le vendeur, ou lorsque sa réputation est excellente. C'est une arnaque courante que de se montrer exemplaire dans un premier temps, puis une fois la réputation faite, d'exiger le Finalize Early pour partir avec la caisse.

Le processus d'achat usuel est le suivant :

— Ouverture d'un compte sur la plate-forme de vente visée. On utilise naturellement une adresse mail anonyme.

— Anonymisation de ses Bitcoins à travers un Bitcoin mixer (voir section 3 page 106).

— Passation de commande. Les échanges directs avec le vendeur se font par messagerie anonyme chiffrée (classiquement mails GPG ou de plus en plus souvent adresse Bitmessage).

— Approvisionnement de son compte Bitcoins auprès du service escrow.

— Réception de la commande généralement envoyée par circuit postal classique. De l'avis général, les vendeurs montrent une grande expertise dans leur capacité à conférer à leurs envois un aspect anodin.

— Déblocage des fonds auprès de l'escrow.

— Évaluation du vendeur sur le site.

Rien de très compliqué donc et même, dans une certaine mesure, un niveau de sécurité que l'on ne retrouve pas forcément sur les marchés noirs classiques.

2. Politique

Le Darknet héberge toute une faune aux buts politiques plus ou moins douteux. Généralement articulées autour d'un discours où l'usage de concepts mal digérés est associé à une haine du corps social aux origines obscures, ces ressources sont étonnantes.

Les organisations racistes de tout poil sont actives sur le Darknet où leur prose haineuse est diffusée aussi largement que possible (figure 5.9). L'antisémitisme et son cousin le révisionnisme y trouvent naturellement leur place.

The White Revolutionary
Autumn 2015 **Issue FNP #3**

Welcome! The White Revolutionary was first published in 2001. This Freenet edition differs in that the social economic underlying conditions in society have radically altered. It is in the contemporary context that these writings present themselves to readers as Issue FNP #3.
The White Revolutionary FNP issues can only be read on Freenet (the dark web). Supporters can freely distribute the material, in whole, through the normal web.

In This Issue.

Europe's Destructive Triangle.
Messages From The Heavens.
Open Season On Jews.

Figure 5.9 – The White Revolutionary

Moins graves et souvent très amusants, les multiples théoriciens du complot s'épanouissent à l'abri des réseaux anonymes. Les classiques dénis du 11 septembre ou de l'envoi des hommes sur la lune côtoient des discours moins célèbres, mais tout aussi fantaisistes. Saviez-vous qu'un membre de la NSA a mis au point un système de contrôle mental par satellite qui a pour objet de pousser au suicide des milliers de cibles (figure 5.10) ?

[redacted], PhD, Arbor, Michigan, is a an NSA clinical psychologist involved in the human and Constitutional rights violations of Mind Control. He has committed unthinkable atrocities, worldwide

[redacted] is involved in covert psychological warfare against innocent Americans and other global citizens. He is among the developers of Psychotronic attacks, which is a highly advanced, surreal form of mind control that is intended to induce suicide among its thousands of targets.

The mind control technology is known as Remote Neural Monitoring.

The technology employs Satellite-delivered (ELF) Extra Low Frequencies to communicate voice-to-skull transmissions. This produces schizophrenic symptoms.

Figure 5.10 – Contrôle mental à distance

À la frontière entre liberté d'expression et propagande condamnable, Freenet accueille de nombreux sites à finalité politique. Le *Free Speech Politics Index* en recense plusieurs dizaines classés en fonction de leur positionnement politique. Dans les « Freesites de droite, » on trouve par exemple :

— *The Unkwon's blog*. Terrorism hate - About terrorism around the world.
— *Gazeta Libertarianska* - Mirror of a Polish anti-state libertarian website.
— *AKG* - Il n'est pire ennemi d'un gouvernement que celui qui aime son pays.

Au « centre, » on a :

— *We The People* - Constitution of the United States.

Et à gauche :

— *Welcome to the Gulag* - One guy's view of the world.
— *BNP Members 2008* - British National Party Membership List 2008.

La liste passe ensuite à l'extrême droite :

— *Fitna, the movie* - Critique of Islam by Dutch filmmaker Geert Wilders.
— *The Protocols of the Learned Elders of Zion* - Book allegedly written by a Jewish conspiracy for world domination in the early 1900s.
— *The Hoax of the Twentieth Century* - Revisionist book on Holocaust.

Ainsi qu'à l'extrême gauche :

— *eljueves.es* - Banned satirical cartoon of King Felipe of Spain.
— *Agent 3A7XB* - Ebooks on guerilla warfare.
— *Elaboration Démocratique d'une Constitution Mondiale* - Permettrait à l'Espèce Humaine d'affronter ses problèmes fondamentaux.

On y propose également des sites anarchistes, comme :

— *Agorism* - Revolutionary market anarchism.
— *Ecodefense* - A guide to illegal direct action for environmentalists.
— *France DarkNet* - French anarchist flog with music, politics, films, etc.,

mais aussi religieux :

— *The Infidel's Tavern* - Archive of content censored by Muslim terrorism, rogue states, and politically correct sympathizers.
— *Something Satanic* - b4ph0m37's flog about Atheism, Satanism & Satan.
— *Xenu's Den* - Scientology secret documents compiled by an opponent.

L'anodin côtoie le pire. Pourtant, le Darknet n'est que très marginalement un outil de propagande, l'audience y est beaucoup trop limitée. Les groupes jihadistes ou d'inspiration nazie s'appuient d'abord sur le Clearnet pour propager leurs idées. Pour ces organisations, le Darknet est surtout un outil d'organisation et de communication. Les membres peuvent y échanger des informations confidentielles, voire organiser un écosystème internet large, occulte et apte à gérer et assurer le fonctionnement de l'ensemble d'un groupe, qu'il soit d'expression ou d'action.

3. Noirceurs

À côté des marchés noirs et autres groupes d'expression, hargneux ou sympathiques, structurés ou fantaisistes, le Darknet recèle des ressources plus sombres encore. Ce sont elles qui ont réjoui si fort certains journaux en quête de sensations. Je ne souhaite pas m'attarder sur cette partie, que je ferai donc plutôt courte, mais on ne peut dresser un panorama du Darknet sans évoquer cet aspect des choses, où il est aussi parfois difficile de distinguer entre la blague douteuse et le sordide.

Je n'ai pas évoqué la pornographie jusqu'ici, tout simplement parce qu'il y a peu à dire sur le sujet. Elle est largement présente sur le Darknet, mais pas plus qu'elle ne l'est sur le Clearnet. Pourquoi cacher ce que l'on trouve simplement et gratuitement sur les innombrables sites que propose Internet ? Le Darknet va malheureusement plus loin — c'est là sa nature — et l'on y trouve l'expression de déviances qui vont de la simple « pratique honteuse » à ce qui ne peut être qualifié autrement que de crime. Zoophilie, nécrophilie et autres pratiques aux dénominations absconses ont leurs espaces d'échanges de photos, de vidéos et naturellement de messages. Certains sites proposent des *snuff movies*, où l'on pourrait voir des scènes réelles de viols, de meurtres ou de tortures. Enfin, la pédopornographie est bien présente. Contrairement à ce qu'on lit souvent, elle est très loin de dominer le Darknet. Là aussi elle cherche à se dissimuler. Il faut aller plus loin que la simple recherche superficielle pour trouver quelque chose. Il est vrai qu'en 2012, les *Anonymous* ont lancé une campagne largement médiatisée contre les sites pédophiles du Darknet. Ils sont parvenus à gêner ponctuellement les utilisateurs concernés, mais surtout ils ont attiré l'attention sur eux. Cela les a incités à s'enfoncer plus profondément encore dans les réseaux anonymes. Le seul point positif ici étant que plus on souhaite aller loin dans la quête de l'anonymat, plus techniques et lourdes sont les méthodes à utiliser. Cela en ralentit la diffusion.

Aussi étonnant que cela paraisse, on peut trouver sur le Darknet des offres de services de tueurs à gages (figure 5.11 page ci-contre). Certains permettent même de passer par un escrow et proposent des grilles tarifaires en fonction de la difficulté de la cible. Les prix vont d'un peu moins de 10.000 dollars jusqu'à 900.000 dollars pour l'assassinat d'une personnalité. On propose également divers sévices allant du « simple » tabassage à des pratiques que je me refuse à détailler ici. Comment savoir si ces offres sont sérieuses ? Il est très facile de déposer une annonce sur un marché noir et il n'est pas beaucoup plus difficile de monter son propre site de services. C'est à la portée de n'importe quel adolescent désœuvré. Comment faire confiance à son interlocuteur, comment s'assurer qu'il ne s'agit pas d'une simple escroquerie ? Compte tenu des montants en jeu, comment même avoir pleine confiance dans l'éventuel escrow utilisé ? Ces services ont défrayé la chronique et la majorité d'entre eux n'est probablement pas sérieuse, mais il est possible que des assassinats aient pu être commis à travers ce canal.

Le Darknet héberge aussi de nombreux forums traitant de sujets plus ou moins scabreux. On y trouve de la propagande d'inspiration nazie, des discussions autour de sujets comme le cannibalisme ou le trafic de femmes et bien sûr de la pédopornographie. L'humour de certains hébergeurs qui, à côté de liens vers des vidéos de

☠ **C'thulhu**

mail: BM-2cVbNcn18d[redacted]@bitmessage.ch

Solutions to Common Problems! We are an organized criminal group, former soldiers and mercenaries from the FFL, highly-skilled, with military experience of more than five years. We can perform hits all around the world.

If you're asking yourself "Why someone would need to hire a killer online?", we'll tell you: simply because it is anonymous. You can always find examples of contractors who collaborated with cops (when they were facing 20 years of prison), and you (the buyer) could end up in the prison because of that. On the other hand, you can also find examples where police found who had the interest to put out a contract, and they can come to you and you can give your testimony (which would put the hitman in jail).
So, it is of mutual interest to make everything anonymous. This website is hosted on a series of anonymous servers, with access to the Internet through the Tor network. You can access this site anonymously only through the Tor network, and we upload files to the server through the Tor network. You can make payments with an anonymous digital currency, either Bitcoins. It means we don't know you and you don't know us. We can't send you to prison, and you can't send us to prison. Of course you must take a risk when you pay in advance, but there is no interest. With risk comes reward. You take a risk, and someone can always cheat you. As we said, many criminals have the balls to do things to other people, but when they face 20 years of prison they begin to talk with the police. Risks about prison and money are always present. If you are not ready to take a risk, don't contact this kind of organizations. And know, we are only one, real contractor there. Any other will try cheat you. ⟵ C'thulhu © 2010.

☞ *The best place to put your problems is in a grave!*

Murder Types	**Regular Person**	**Public Persons**	**1-2 Guards**	**3-5 Guards**
Regular	$45,000	$180,000	$360,000	$540,000
Missing in action	$60,000	$240,000	$480,000	$720,000
Death in accident	$75,000	$300,000	$600,000	$900,000

Figure 5.11 – Un service de tueurs à gages

décapitations, peuvent mettre une publicité pour des couteaux de cuisine illustre bien l'ambiance générale de certains lieux.

Enfin, le Darknet propose toute une littérature qui va du discutable au réellement dangereux. On trouve des ressources comme « comment tricher aux tests scolaires ? » (qui, oserai-je l'avouer, ne m'a rien appris) ou « comment devenir un ninja du mensonge. » Puisque l'on a évoqué les tueurs à gages, sachez que l'on peut y trouver une copie du célèbre *Manuel du tueur indépendant* (*Hit Man. A Technical Manual for Independent Contractors*). Cet ouvrage publié en 1983 fut interdit en 1993 après que l'auteur d'un triple meurtre ait déclaré l'avoir pris pour guide[5]. Même si l'explication qui y est donnée sur la fabrication de son propre silencieux à partir de pièces de récupérations tend à me rassurer, et semble rendre ce livre plus dangereux pour ses lecteurs que pour les cibles éventuelles, sa présence même pose problème. Beaucoup plus grave et sérieux, disposer du « manuel de survie militaire » américain, ou du soi-disant *CIA Book of Dirty Tricks* (Le manuel de la CIA des trucs dégueulasses) confère un savoir-faire qui ouvre des perspectives effrayantes. Certains textes et « manuels » vont malheureusement beaucoup plus loin encore...

C'est là aussi que l'on trouve la littérature qui a pu faire la Une comme « Préparer une carcasse humaine pour la consommation » ou « Comment choisir la bonne fille » (à manger). Difficile de prendre ces textes et les recettes proposées très au sérieux, mais ils existent c'est incontestable.

5. Pour une raison que je ne m'explique pas, cet ouvrage est également disponible sur Amazon. On le trouve par ailleurs assez facilement sur le Clearnet.

4. Un contenu diversifié

Quand on découvre le Darknet, c'est en fait d'abord l'abondance des ressources anodines qui frappe le plus. Nombre de forums ou de sites d'informations traitent des mêmes sujets que ceux que l'on trouve sur le Clearnet, en particulier dans le domaine technique. Le développement du Darknet est largement affaire de geeks et c'est à travers lui qu'utilisateurs et développeurs échangent. En ce sens, une partie importante du Darknet tourne autour de lui-même. C'est particulièrement flagrant pour I2P.

Dans un second temps, c'est certainement l'abondance et la diversité des marchés noirs qui surprennent, surtout sur Tor qui héberge la grande majorité du commerce illégal en ligne. Se voir proposer des substances illégales, des armes, des kits de piratage ou encore de faux papiers ne peut que stupéfier.

Ce sont ensuite les messages à caractère politique qui attirent l'attention. Du militant plutôt sympathique cherchant à exprimer des idées qui n'ont aucune raison d'être cachées jusqu'à la propagande haineuse, ces messages sont nombreux.

Ce n'est qu'ensuite, quand on commence à y prêter attention que le contenu réellement ignoble et criminel apparaît et effraie. Il est bien là, il est condamnable, mais il n'est qu'une petite partie du Darknet.

Une étude de 2013 ([Guitton, 2013]) donne un bon aperçu du contenu des services Tor cachés (table 5.1 page suivante). Ceux qui sont recensés comme non-éthiques par l'auteur sont en minorité, mais c'est là une bien faible minorité et le fait que la pédopornographie regroupe quelque 18 % des contenus n'est pas rassurant.

Du côté de Freenet, les choses sont un peu différentes dans la mesure où l'expression politique au sens large a une place importante au côté des ressources techniques. Un rapide examen de la description des 100 premiers sites référencés sur l'un des principaux annuaires « non censurés » donne les résultats suivant : (table 5.2).

Catégorie	Nombre de services
Informatique	22
Blogs personnels	20
Politique	19
Pornographie (non infantile)	9
Pédopornographie	7
Partage de fichiers	7
Annuaires	5
Total	100

TABLE 5.2 – Échantillon des services Freenet

Catégorie	Nombre de services	Part (%)
Services non éthiques		
Pédopornographie	206	18 %
Piratage	77	7 %
Marchés noirs	70	6 %
Pornographie (non infantile)	68	6 %
Drogues	50	4 %
Autres	49	4 %
Sous total	520	45 %
Services éthiques		
Éthique et sujets spécifiques	164	14 %
Personnels	136	12 %
Partage de fichiers	72	6 %
Informatique	51	4 %
Bitcoin	29	2 %
Divers	27	2 %
Moteur de recherche	27	2 %
Subversion de l'État	18	2 %
Surveillance	11	1 %
Autres	19	2 %
Sous total	554	47 %
Inconnus	97	8 %
Total	1171	100 %

TABLE 5.1 – Structure des services cachés Tor

L'essentiel du contenu du Darknet[6] est plutôt anodin, parfois intéressant, quelquefois fascinant, mais il n'est pas majoritairement effrayant. Le Darknet est de fait d'abord un espace pour les geeks, ensuite un espace d'expression et enfin un lieu où se déroulent des faits condamnables. Quoi qu'en dise la presse à sensation, il y a infiniment plus d'opérations illégales sur le Clearnet que sur le Darknet, c'est une simple question d'évidence statistique.

6. Ou plus précisément du *Darkweb* puisque c'est essentiellement de la partie web du Darknet dont on parle ici.

Chapitre 6 Darknet et libertés

Internet est une bénédiction pour les services de renseignement, dans les régimes autoritaires comme dans les démocraties. Avant, les choses étaient simples ; tous ceux qui ont vu un film d'espionnage des années 1960 savent que le salut résidait dans les cabines téléphoniques ! Aujourd'hui, on dispose d'une variété d'outils d'échange inimaginable il y a seulement quelques années. Outils qui sont rarement sûrs.

Chacun pense par exemple que ses communications téléphoniques sont confidentielles et, sauf à ce qu'un juge en ait donné l'autorisation, on imagine pouvoir téléphoner sans être espionné. Pourtant, à l'occasion des récents débats sur la loi sur le renseignement, le grand public a découvert l'existence des *IMSI-catcher*. Aisément transportables, ces appareils se substituent aux antennes relais et interceptent les messages avant de les renvoyer sur le réseau. Même si les protocoles utilisés sont raisonnablement sécurisés (3G ou 4G), ils parviennent à leurs fins en brouillant la connexion pour l'obliger à passer en 2G, un protocole faiblement sécurisé. Bien qu'illégal en France avant l'adoption de la nouvelle loi, parce qu'ils permettent des interceptions non ciblées, les services de sécurité ont admis l'avoir utilisé régulièrement. L'espionnage du GSM est donc relativement facile et la sécurité dont se targuent les opérateurs téléphoniques n'est qu'illusion. Sur Internet, les choses sont bien pires encore puisque, sauf à prendre des précautions spécifiques, les échanges y sont largement ouverts et qu'en conséquence, les différents services de renseignement s'en donnent à cœur joie, souvent au mépris du respect élémentaire de la loi.

Le Darknet est un outil de lutte contre les excès des différents pouvoirs. Dans les pays démocratiques, il permet de se préserver de la surveillance de masse et de l'espionnage économique révélés par l'affaire Snowden. Partout dans le monde, il permet aux lanceurs d'alerte de révéler les dérives des puissants, de dénoncer et de limiter les abus. Dans les régimes autoritaires, il est un outil au service de la dissidence et de la liberté d'information.

1. Surveillance de masse

La généralisation d'internet a rendu possible la surveillance de masse. Désormais, les États peuvent pénétrer l'intimité de chacun.

1.1 L'affaire Snowden

Le Darknet est au cœur de l'affaire Snowden, dans laquelle on retrouve Tor, OTR, TrueCrypt, Cryptocat, SecureDrop, PGP... Ce séisme, qui a ébranlé jusqu'aux plus hauts sommets du gouvernement américain, n'a été possible que grâce aux technologies que nous avons vues jusqu'ici.

Fin décembre 2012, le journaliste et juriste Glen Greenwald, connu pour ses critiques des systèmes de surveillance, a reçu un message électronique disant en substance que son correspondant anonyme disposait d'informations importantes, mais que, pour des raisons de sécurité, il ne pourrait les communiquer qu'après avoir obtenu sa clé PGP [Greenwald, 2014].

Le déroulement de l'affaire Snowden n'a rien à envier aux meilleurs James Bond (Oliver Stone prépare un film sur le sujet). L'histoire de la rencontre avec Glen Greenwald et Laura Poitras dans un hôtel de Hong-Kong est en effet aussi haletante et pleine de suspens que les aventures du célèbre espion britannique. *CitizenFour*, le film qu'en a tiré L. Poitras donne au spectateur le sentiment de vivre ce qui restera comme un moment de l'histoire contemporaine.

C'est dans cette chambre d'hôtel que le lanceur d'alerte a communiqué aux journalistes les documents qui allaient ébranler le monde du renseignement.

Le premier fut publié le 6 juin 2013 sur le site du *Guardian*. L'article était titré « La NSA collecte chaque jour les relevés téléphoniques de millions de clients de Verizon [1]. » Il révélait un jugement secret de la cour de la FISA [2] qui déclarait : « Il est ordonné par la présente [...] de fournir à la NSA [...] sur une base quotidienne [...] une copie électronique des éléments tangibles suivants : tous les enregistrements des détails d'appels (métadonnées téléphoniques) créés par Verizon pour les communications (i) entre les États-Unis et l'étranger, ou (ii) internes aux États-Unis, y compris les appels locaux [3]. »

Cette publication fit l'effet d'une bombe. Elle montrait que les services américains se livraient à l'espionnage de masse de leurs concitoyens, ce que, au-delà des aspects moraux, la constitution interdit formellement (même si elle permet l'espionnage massif des ressortissants étrangers...). Le choc fut d'autant plus grand qu'un

1. *theguardian.com/world/2013/jun/06/nsa-phone-records-verizon-court-order*, vu le 29/9/2015.

2. Le FISA (*Foreign Service Intelligence Act*) oblige le gouvernement à obtenir l'accord d'une cour de justice secrète pour mener des opérations de surveillance. Elle est surnommée la *Yes Commission*.

3. *theguardian.com/world/interactive/2013/jun/06/verizon-telephone-data-court-order*, vu le 10/9/2015.

Edward Snowden

Edward Snowden est un expert en sécurité informatique né en 1983. Fils de fonctionnaires fédéraux, choqué par le 11 septembre, il s'est engagé dans l'armée en 2004 pour contribuer en Irak à ce qu'il considérait alors comme une guerre de libération. Il a rapidement quitté l'armée et a été approché par la CIA en 2006. Malgré son absence de diplôme, Snowden avait des compétences rares en informatique et les services américains, alors en manque cruel d'experts, devaient sortir des modes de recrutement habituels.

En 2007, il a été affecté à Genève où il disposait d'un passeport diplomatique. C'est là qu'il a commencé à découvrir les méthodes de l'agence américaine. Il raconte notamment comment il a eu connaissance d'une opération qui consistait à piéger un banquier suisse pour en faire un informateur. L'opération a échoué, mais a brisé la carrière du banquier. Elle a beaucoup contribué à dessiller Snowden.

En 2009, Snowden a quitté la CIA pour rejoindre Dell où il a travaillé en sous-traitance pour la NSA. Devenu expert reconnu, il fut chargé d'enseigner les méthodes de contre-renseignement électronique. Du fait de ses fonctions techniques, il disposait alors d'un accès très large aux données de l'agence américaine. Effaré par ce qu'il voyait, il a commencé en 2012 à rassembler les fichiers qu'il souhaitait divulguer. En 2013, il a rejoint la société Booz Allen & Hamilton, sous-traitant de la NSA, afin d'avoir accès à des données qu'il jugeait nécessaire d'obtenir pour brosser un tableau suffisamment large des activités des services américains.

En mai 2013, Edward Snowden s'est envolé pour Hong-Kong pour y rencontrer les journalistes auxquels il souhaitait communiquer ses informations. Poursuivi par la justice américaine, il s'est échappé de Hong-Kong grâce à l'aide de WikiLeaks (et non à celle des grands journaux ce qu'il déplore explicitement) et est actuellement réfugié à Moscou.

Dès la conception de son opération, Edward Snowden avait décidé de ne pas cacher son identité. Pour lui, montrer aux autorités américaines qu'on pouvait ne pas avoir peur d'elles était essentiel. Il savait donc que sa vie changerait à partir du moment où les informations seraient diffusées et qu'il risquait de passer le reste de sa vie en prison ou pire encore. Quel que soit le jugement que l'on porte sur son action, c'est certainement l'un des plus beaux exemples de courage, tant politique que physique, de l'histoire récente.

sénateur confirma rapidement que cette surveillance durait depuis plusieurs années et n'était pas limitée à Verizon.

Les métadonnées téléphoniques recouvrent l'identification des interlocuteurs et des appareils utilisés, la date, le lieu et la durée des appels, etc. Il ne s'agit pas de l'enregistrement des communications en elles-mêmes, mais de données à caractère technique. Elles n'en sont pas moins extrêmement révélatrices.

L'étude Métaphone menée par l'université de Stanford auprès de 546 volontaires : « [...] [a démontré], sans aucune ambiguïté, que l'analyse de métadonnées téléphoniques peut révéler des renseignements extrêmement sensibles sur les individus. En utilisant des sources publiquement accessibles pour identifier leurs contacts et en se basant sur des appels téléphoniques uniques, les chercheurs ont été en mesure de déterminer que les individus communiquaient avec des services de santé, des services financiers et des services juridiques, de même qu'avec des organisations religieuses, entre autres. Comme on pouvait s'y attendre, les habitudes d'appel sont encore plus révélatrices, puisque les chercheurs ont réussi à conclure à l'existence de problèmes de santé (p. ex. sclérose en plaques, arythmie cardiaque), et également à découvrir qu'une personne possédait des armes à feu. » [CPVP, 2014] [4] On verra que cela peut aller plus loin encore.

Le second article du Guardian révélait le programme PRISM [5] qui vise à accéder directement aux données des grands opérateurs que sont Microsoft, Yahoo!, Google, Facebook, PalTalk, AOL, Skype, YouTube et Apple. Seul Yahoo! semble avoir vraiment tenté de résister. Considérant que la demande d'accès massif émise en 2007 était inconstitutionnelle, Yahoo! s'est engagé dans une bataille juridique secrète qu'il a perdue. Menacé d'une amende de 250 000 dollars par jour, il a dû céder [6]. Les autres entreprises concernées ont nié leur implication, sans conviction. Il est vrai que pour des sociétés comme Google ou Facebook, la vie privée est un concept obsolète, voire délétère à une époque où la transparence contribue a « Make the World a Better Place » pour reprendre l'expression caricaturale de la Silicon Valley. Pourtant quand on prend au mot les dirigeants de ces grandes entreprises, ils ne semblent pas si ouverts. Quand CNET a publié le salaire, les dons aux organisations politiques ou l'adresse d'Eric Schmidt, le patron de Google, les salariés de Google se sont vus interdire de communiquer avec les journalistes de ce site d'information [7].

PRISM n'est qu'un exemple de la collusion entre les grandes entreprises informatiques et la NSA. On sait d'après les documents Snowden que Microsoft a facilité l'accès à son service cloud (SkyDrive devenu maintenant OneDrive). Il en va de même pour Skype, malgré l'insistance de Microsoft dans ses communications commerciales, à assurer de la sécurité des échanges. Des accords furent également conclus pour éviter que la NSA n'ait à souffrir du chiffrage dans Outlook.com.

Les documents communiqués par Edward Snowden montrent clairement le caractère systématique des interceptions américaines. Le programme *XKeyscore* rassemble les *Five Eyes* (États-Unis, Royaume-Uni, Canada, Australie et Nouvelle-Zélande) et est capable de collecter à peu près tout ce que fait un individu sur Internet. Les volumes recueillis sont tels que les données ne peuvent être conservées que trois à cinq jours et selon un document de la NSA : « sur certains sites, le volume de données quotidien est tel (plus de 20 téraoctets) qu'on ne peut les conserver que vingt-quatre

4. *priv.gc.ca/information/research-recherche/2014/md_201410_f.asp*, vu le 28/9/2015.

5. *theguardian.com/world/2013/jun/06/us-tech-giants-nsa-data*, vu le 30/9/2015.

6. *yahoopolicy.tumblr.com/post/97238899258/shedding-light-on-the-foreign-intelligence*, vu le 20/11/2015.

7. *boingboing.net/2009/12/09/google-ceo-says-priv.html*, vu le 20/11/2015.

heures[8]. » Des logiciels spécifiques ont naturellement été développés pour repérer les éléments « suspects » dans cette masse d'information. Un audit partiel du code d'*XKeyScore* a montré qu'est considéré comme suspect (donc surveillé) tout individu non ressortissant des Five Eyes qui s'intéresse à Tor et à Tails[9].

Selon Greenwald : « Prises dans leur intégralité, les archives Snowden conduisaient à une conclusion fort simple : le gouvernement américain a bâti un système qui s'est fixé pour objectif l'élimination complète, à l'échelle planétaire, de toute vie privée électronique. » [Greenwald, 2014]. On pourrait y voir l'exagération d'un journaliste engagé, mais cette volonté d'interception globale de la NSA a été confirmée à de nombreuses reprises. Bernard Barbier, l'ancien directeur technique de la DGSE a encore expliqué récemment qu'à la fin de l'année 2006, lors d'une rencontre avec les responsables français, Keith Alexander qui dirigeait alors l'agence américaine a déclaré : « Moi, mon objectif, c'est d'écouter tout l'internet mondial[10]. » Nous ne sommes malheureusement pas dans le fantasme, mais bien dans la révélation de l'ampleur des dérives des services de sécurité sur Internet. Le programme *Boundless Informant* montre qu'au printemps 2013, sur une période de 30 jours, 97 milliards d'e-mails et 124 milliards d'appels téléphoniques ont été interceptés. Ces documents prouvent que le général Keith Alexander a menti au Congrès en affirmant qu'il était incapable de quantifier ces actions d'espionnage. L'adoption de la récente loi sur le renseignement, qui de fait permet aux services français d'agir sans contrôle direct du pouvoir judiciaire et qui généralise la surveillance de masse montre, s'il en était besoin, que la France n'a rien à envier aux autres dans ce domaine.

1.2 Surveillance de masse et démocratie

L'affaire Snowden a révélé au grand public ce que les spécialistes du domaine savaient depuis longtemps. La surveillance de masse est devenue une pratique « normale » pour les services de sécurité. Pour comprendre la profondeur des informations recueillies, on peut revenir sur une expérience menée aux Pays-Bas[11]. Durant une semaine et à son initiative, on a collecté l'ensemble des métadonnées du smartphone de Ton Siedsma. Les résultats font froid dans le dos :

— Ton est un jeune diplômé dans la petite vingtaine.

— Il reçoit des mails concernant le logement étudiant et les jobs à temps partiel.

8. *theguardian.com/world/2013/jul/31/nsa-top-secret-program-online-data*, vu le 25/9/2015.

9. *nextinpact.com/news/88527-nsa-surveillance-reseau-tor-plus-serree-que-prevue.htm*, vu le 25/9/2015.

10. *liberation.fr/economie/2015/09/21/beaucoup-de-pays-se-font-passer-pour-des-chinois_1387621*, vu le 22/9/2015

11. *statewatch.org/news/2014/jul/bits-of-freedom-on-the-metadata-of-your-phone.pdf*, vu le 29/9/2015.

Anonymat et confidentialité : au-delà des logiciels

Lors de son voyage à Hong-Kong et sur la recommandation d'E. Snowden, Glen Greenwald a utilisé un ordinateur dit *airgapped*, c'est-à-dire qui n'est jamais connecté au réseau. Pour éviter les failles matérielles, cette machine est la seule sur laquelle on peut déchiffrer les documents confidentiels.
Le matériel n'est en effet pas sûr[a]. Tout ordinateur contient des systèmes logiciels embarqués à commencer par le BIOS (*Basic Input Output System*) qui permet notamment de lancer le système d'exploitation. Durant l'été 2015, on a découvert que Lenovo, le premier fabricant au monde, avait détourné le BIOS de ses ordinateurs. Le constructeur a expliqué qu'il s'agissait d'un simple outil d'optimisation, mais, outre le fait que le logiciel en question se connectait aux services de Lenovo pour communiquer les détails du système utilisé, il comportait une faille qui compromettait les ordinateurs concernés. Rien ne dit que la NSA (ou ses consœurs) n'a pas passé des accords pour obtenir un contrôle des machines via le BIOS. Il reste possible dans certains cas de remplacer le BIOS d'origine par un BIOS open source, type coreboot (*coreboot.org*) et OpenBIOS (*openfirmware.info*), mais c'est là une solution lourde et délicate. De même, pour des raisons de maintenance, les *chipsets*[b] récents permettent de se connecter à une machine distante pour faire des mises à jour. Rien ne garantit leur intégrité. On voit là toute l'importance d'avoir un système *airgapped*, aucun ordinateur connecté ne pouvant être considéré comme sûr.
Même si on ne le connecte pas directement, il reste possible que l'ordinateur se connecte grâce à une faille. Il est donc important de désactiver (ou mieux de démonter) la carte Wi-Fi et tout élément pouvant communiquer (notamment le Bluetooth ou les cartes 3G/4G). Il est également recommandé d'enlever le disque dur, son firmware pouvant être compromis, et de n'utiliser la machine *airgapped* qu'à partir de clés USB.
Se préserver de la surveillance au plus haut niveau n'est pas une mince affaire !

a. Voir notamment [Carlo et Kamphuis, 2015].

b. On appelle chipset un ensemble de composants de la carte mère dédiés à la gestion des flux de données.

— Il travaille beaucoup, notamment du fait que ses déplacements sont longs et qu'il ne rentre généralement pas avant 20 heures. Il continue de travailler à la maison jusque tard dans la soirée. Il se couche généralement vers minuit.
— Son amie s'appelle Merel et il a une sœur nommée Annemieke qui est étudiante.
— Il aime lire les nouvelles sportives, notamment sur le cyclisme, qu'il pratique lui même.
— Il regarde des vidéos sur YouTube, notamment Seinfeld et une émission de téléréalité.

— Il recherche un casque audio, si possible en Bluetooth.

Tout ceci est plutôt anecdotique et intéresserait surtout les gens de marketing, mais malheureusement ce n'est pas terminé.

— Les membres de son réseau d'amis sont clairement identifiés, de même que son réseau professionnel.
— Il s'intéresse à la religion et à la philosophie et est probablement chrétien.
— Ton s'intéresse aux technologies numériques et aux problèmes de vie privée.
— Il utilise PGP.
— Il se tient au courant des nouvelles concernant le hacking et s'intéresse aux réseaux liés à la pornographie juvénile.
— Il semble être un sympathisant du parti *Green Left*.
— Il travaille en tant que juriste à *Bits of Freedom* et l'on sait quels articles du blog de l'organisation il met à jour.
— Il travaille sur les accords commerciaux internationaux et est en contact avec le ministère des Affaires étrangères et des parlementaires travaillant sur le sujet.
— Ton s'est activement impliqué dans des échanges de mails évoquant Bert Van Delden qui dirige le *Intelligence and Security Services Review Committee*.
— Grâce à une faille connue des logiciels Adobe, ses mots de passe ont été découverts et l'on a pu accéder à ses comptes Twitter, Google et Amazon.

Voilà un exemple de ce que les métadonnées peuvent révéler en une semaine seulement. Sachant que les moyens des grandes organisations vont bien au-delà des seules métadonnées, on peut aisément imaginer l'ampleur des détails personnels qui sont ainsi connus.

Sur Internet et selon les documents Snowden, la NSA surveille grâce à PRISM :

— les e-mails,
— les discussions en ligne y compris voix et vidéo,
— les vidéos,
— les photos,
— les données stockées,
— la voix sur IP,
— les transferts de fichiers,
— les conférences vidéo,
— les notifications d'activité (connexions, etc.),
— le détail des activités sur les réseaux sociaux.

Quand on connaît l'importance des réseaux sociaux, en particulier chez les jeunes, on ne peut que constater que la NSA s'est arrogé le droit de pénétrer l'intimité de chacun. D'après E. Snowden : « assis à mon bureau [je pouvais] mettre sur écoute n'importe qui, vous, votre comptable, un juge fédéral ou même le président si j'avais son adresse mail personnelle [12]. » Un simple formulaire permet ainsi de tracer qui l'on

12. *theguardian.com/world/2013/jul/31/nsa-top-secret-program-online-data*, vu le 30/11/2015.

veut et si nécessaire d'être alerté en temps réel des activités de la cible. N'importe quel agent accrédité peut, sans avoir à rendre compte de la légitimité de son action, espionner la vie privée de n'importe quel individu.

Pourquoi une telle dérive ?

Tout d'abord parce que c'est possible. « Il ne s'est jamais trouvé de sphère publique que les gouvernements ne souhaitent contrôler d'une manière ou d'une autre : ce qui s'imprime dans les journaux, qui intègre les universités, quels contrats signent les compagnies pétrolières, quelles églises ou ONG obtiennent des homologations, quels endroits sont susceptibles d'abriter des rassemblements publics, alors pourquoi pas l'espace Internet ? (Clinton 2011) [13]. » De tout temps, quel que soit le régime politique, les services de sécurité ont rêvé de pouvoir surveiller l'ensemble de la population. Pour un enquêteur, disposer à tout moment du détail des activités d'une cible, fût-ce sur le plus ténu des soupçons, n'est rien moins qu'une vision d'utopie. Si démocrate et soucieux des libertés soit-il, la surveillance est dans la logique de sa fonction. La réussite des services de renseignement dépend par essence de leur capacité à rassembler de l'information.

Le 11 septembre 2001 a donné l'impulsion qui manquait. Tétanisées, les autorités américaines ont cédé aux services de renseignement et adopté le *Patriot Act*. En limitant fortement l'intervention du pouvoir judiciaire dans les opérations de police, cela a ouvert de fait la voie à la surveillance de masse. Présenté comme une loi d'exception, il est toujours en vigueur en 2015. La *Reine Rouge* d'Alice a alors fait son œuvre naturelle (il faut courir pour rester sur place) et la surveillance se généralise aux grandes puissances comme aux petites ; l'avatar français étant la dernière loi sur le renseignement. Pourtant, et c'est un fait amplement démontré, jamais au cours des nombreuses enquêtes qui ont suivi l'affaire Snowden, les services n'ont été capables de citer un cas où cette surveillance a porté ses fruits contre le terrorisme. Selon une étude de la New America Foundation [Bergen *et al.*, 2014] qui s'est penchée précisément sur 225 cas d'individus accusés de liens avec des activités terroristes [14] : « La surveillance des métadonnées téléphoniques n'a eu aucun impact perceptible sur la prévention d'actes de terrorisme, » plus encore « L'analyse approfondie de 225 individus recrutés par al-Quaïda ou par des groupes inspirés par l'idéologie d'al-Quaïda et accusés d'actes de terrorisme aux États-Unis depuis le 11 septembre, démontre que les méthodes d'investigations traditionnelles [...] sont à l'origine de la majorité des enquêtes, alors que la contribution du programme de surveillance de masse de la NSA à ces cas a été minime. »

13. Hillary Rodham Clinton, *Conference on Internet Freedom*, 8/12/2011, *state.gov/secretary/-20092013clinton/rm/2011/12/178511.htm*

14. *newamerica.org/international-security/do-nsas-bulk-surveillance-programs-stop-terrorists*, vu le 30/11/2015.

Récemment encore, un haut responsable français de la lutte antiterroriste déclarait à propos de ce que l'article qualifie de *fétichisme technologique* : « C'est rassurant, mais ça n'a jamais marché. Quelle opération a été neutralisée grâce à la data [15] ? »

La concentration des moyens sur le recueil limite mécaniquement les ressources disponibles pour l'analyse, ce qui est d'autant plus problématique que la surveillance de masse est inefficace par construction ; c'est le « paradoxe des faux positifs [16]. » Considérons une population de 50 millions d'individus où 1 sur 10 000 est un terroriste potentiel. Posons que l'algorithme d'identification est très performant : il repère 99% des cibles réelles et ne produit que 0.5% de faux positifs. Il repérera alors 4 950 terroristes et générera 249 975 faux positifs. Moins de 2% des individus repérés seront réellement dignes d'intérêt. Si le taux de faux positifs n'est que de 2% (ce qui reste faible), c'est près d'un million de faux suspects qui seront repérés, soit un taux de pertinence d'à peine 0.5%. Seul 1 suspect sur 200 sera correct.

Après les attentats de Paris, le New York Times écrivait dans son éditorial du 17 novembre 2015 : « En fait, le recueil massif de données sans discrimination n'a pas été utile. Plus de deux ans après que les programmes de collecte de données de la NSA aient été rendus publics, les services de renseignement ont été incapables de montrer que la surveillance téléphonique ait empêché une seule attaque terroriste. Pourtant, depuis des années les responsables de ces services et les membres du Congrès ont à de multiples reprises menti au public en disant qu'elle est efficace. »

La surveillance de masse ne semble pas avoir fait ses preuves contre le terrorisme, mais elle s'étend désormais bien au-delà de son domaine d'origine. Progressivement, insidieusement, elle tend à devenir un instrument générique au service du contrôle des populations. Cela paraît évident pour les régimes autoritaires, mais cela existe aussi dans les démocraties. En théorie, dans nos pays, elle ne saurait impacter le citoyen lambda, il est libre et n'a rien à craindre puisque ses activités sont anodines, mais n'est-ce-pas précisément le sens de la célèbre formule attribuée à Joseph Goebbels : « Vous n'avez rien à craindre si vous n'avez rien à cacher. » ? Pour reprendre Phil Zimmermann : « Si l'intimité est mise hors la loi, seuls les hors-la-loi auront une intimité. »

Chercheurs et journalistes sont désormais suspects. Le simple fait de mener légitimement une enquête ou une recherche sur certains sujets rend suspect. Le chercheur qui analyse la propagande jihadiste sur Internet, le journaliste ou l'avocat qui utilise le Darknet pour préserver l'anonymat de ses sources ou la confidentialité de ses échanges, tous sont automatiquement suspects. Gérant un relais Tor depuis des années, j'ai inévitablement attiré l'attention des programmes de surveillance. Avec l'écriture de cet ouvrage qui m'a amené à tester de nombreux logiciels « suspects, » cette surveillance s'est probablement renforcée. Renforcement de surveillance signifie simplement que les paramètres des logiciels espions ont été modifiés auto-

15. *Libération*, 26/11/2015.
16. Voir [Castelluccia et Le Métayer, 2015] et [Parra-Arnau et Castelluccia, 2015]

matiquement et, en conséquence, que le volume de données capturées et le suivi de mes échanges, aussi anodins soient-ils, a été relevé. Au-delà de l'inutilité de la chose, puisque je n'ai nullement l'âme d'un terroriste et que je ne fais là que mon travail, comment accepter qu'un groupe de fonctionnaires, aussi honorables soient-ils, puissent s'ils le souhaitent, être informés de mes activités y compris personnelles ? Une telle surveillance viole sans conteste les droits fondamentaux des individus concernés. Elle donne aux organisations impliquées des moyens de pression pour éventuellement empêcher la diffusion d'informations dérangeantes. Comment peut-on justifier la systématisation de cette atteinte à la liberté d'information ? Comment accepter qu'un journaliste ou un chercheur qui travaille sur un sujet dérangeant pour les puissants soit automatiquement —et c'est précisément le terme qui convient— suspect et surveillé ?

Les activistes sont également fragilisés. Les grandes ONG comme Greenpeace sensibilisent les populations à travers des actions spectaculaires. La surveillance de masse permet de suivre ces actions, de les devancer et éventuellement de les empêcher. Depuis quelques années, les *zadistes*, ces groupes de protestation cherchant à protéger ce qu'ils considèrent comme des Zones à Défendre, font régulièrement la Une. Militants très engagés, prêts à vivre pendant des semaines dans des conditions précaires, ils se veulent garants de ce qu'ils interprètent comme des abus des pouvoirs publics. Probablement parfois excessifs, mais non violents, ils sont représentatifs de la vitalité politique d'une partie de notre jeunesse. La collecte et l'analyse des métadonnées peut très facilement permettre d'identifier les membres d'un groupe donné. L'intensification des communications et l'analyse de la position des interlocuteurs peuvent montrer qu'une opération est en préparation. Les communications de l'un ou l'autre de nos enfants à la sortie du lycée peuvent suffire à les faire repérer comme activiste. Est-ce là une démarche saine dans une démocratie ? Mon fils ne peut-il être ami avec un militant engagé sans être potentiellement soupçonné par les algorithmes de participer à des opérations de « déstabilisation » de notre beau pays ?

Les révélations Snowden ont clairement montré que l'espionnage économique est également partie intégrante des grands programmes de surveillance. Certains domaines (énergie, transports, biotechnologies, etc.) sont explicitement ciblés par la NSA. Les positions des négociateurs, ou les contenus des contrats en cours de discussion, sont visés afin de conférer un avantage stratégique aux entreprises américaines dans leurs propres négociations. Le document *France: Economic Developments* publié par WikiLeaks [17] dit : « Cet ordre d'espionnage [...] mandate l'espionnage économique à long terme de la France afin d'obtenir des détails sur les activités économiques des entreprises françaises et les politiques économiques et décisions du gouvernement Français. » Cela a au moins l'avantage de la clarté !

Enfin, et c'est là le point essentiel, la surveillance généralisée a un impact profond sur le corps social dans son ensemble. Nous n'en sommes qu'aux prémices et

17. *wikileaks.org/nsa-france/spyorder*, vu le 1/12/2015.

aujourd'hui nos libertés ne sont pas fondamentalement remises en cause, mais l'enjeu est potentiellement alarmant. On sait, et Edward Snowden en a fait l'un de ses grands arguments, qu'un individu qui se sait surveillé n'agit pas naturellement, qu'il s'autocensure et limite ainsi tant son espace de liberté que son espace de créativité. Le contrôle immanent, permanent mène à l'autocensure, pousse à la conformité intellectuelle et nuit à la créativité et à l'innovation. Une surveillance constante n'est pas nécessaire pour assurer la docilité, la seule connaissance de la possibilité d'être surveillé à tout moment suffit. Le *Panoptique* de Jérémy *Bentham* à la fin du XVIIIe siècle ou le télécran de 1984, s'appuient sur le fait que chacun sait qu'il peut être surveillé à tout moment. Michel Foucault [Foucault, 1993], puis Gilles Deleuze se sont interrogés sur ces évolutions : « C'est certain que nous entrons dans des sociétés de "contrôle", qui ne sont plus exactement disciplinaires. Foucault est [...] l'un des premiers à dire que les sociétés disciplinaires, c'est ce que nous sommes en train de quitter, ce que nous ne sommes déjà plus. Nous entrons dans des sociétés de contrôle, qui fonctionnent non plus par enfermement, mais par contrôle continu et communication instantanée. [...] À chaque type de société, évidemment, on peut faire correspondre un type de machine les machines simples ou dynamiques pour les sociétés de souveraineté, les machines énergétiques pour les disciplines, les cybernétiques et les ordinateurs pour les sociétés de contrôle. Mais les machines n'expliquent rien, il faut analyser les agencements collectifs dont les machines ne sont qu'une partie. *Face aux formes prochaines de contrôle incessant en milieu ouvert, il se peut que les plus durs enfermements nous paraissent appartenir à un passé délicieux et bienveillant.* [...] Il est vrai que, avant même que les sociétés de contrôle se soient réellement organisées, les formes de délinquance ou de résistance (deux cas distincts) apparaissent aussi. Par exemple les piratages ou les virus d'ordinateurs, qui remplaceront les grèves et ce qu'on appelait au XIXe siècle « sabotage » (le sabot dans la machine). [...] *L'important, ce sera peut-être de créer des vacuoles de non-communication, des interrupteurs, pour échapper au contrôle.* » ([Deleuze, 1990], souligné par moi). Le Darknet est précisément l'une de ces vacuoles, l'un de ces interrupteurs.

2. Droit d'alerte

Durant l'été 1971, le New York Times a révélé les *Pentagon Papers*. Montrant crûment l'ampleur des mensonges et manipulations du gouvernement américain sur le Vietnam, ces documents ont contribué à faire basculer l'opinion publique. Daniel Ellsberg, source de la fuite, est l'un des premiers lanceurs d'alerte moderne. L'année suivante, William Mark Felt (gorge profonde) était à l'origine du scandale du *Watergate*, qui conduisit à la démission de Richard Nixon.

Ces deux cas sont particulièrement célèbres, mais le phénomène des lanceurs d'alerte a probablement toujours existé. Il a simplement pris une dimension nouvelle.

Désormais, les organisations les plus puissantes ne sont plus à l'abri de révélations gênantes, qu'il s'agisse de grandes entreprises ou d'États.

2.1 WikiLeaks

WikiLeaks incarne le lien entre alertes, liberté d'information et Darknet. Dans l'histoire de l'information libre sur Internet, aucune autre structure n'a jamais connu une telle notoriété, un tel impact. Adulé par certains, honnis par d'autres, quelle que soit l'interprétation que l'on ait de son action, il y aura un avant et un après WikiLeaks.

La plate-forme a été inaugurée en 2006 par Julian Assange, dont la notoriété égale maintenant celle des plus grandes stars internationales. Il a probablement été influencé par Cryptome (*cryptome.org*), un site américain fondé en 1996 par John Young et Deborah Natsios, pour recueillir anonymement et divulguer des documents sensibles. Cryptome s'est rendu célèbre à la fin des années 1990 en publiant une liste d'agents des services secrets britanniques à l'étranger.

Julian Assange

Julian Assange est un ressortissant australien né en 1971. Il s'est intéressé aux problèmes de sécurité informatique dès la fin des années 1980 et a participé, sous le pseudonyme de *Mendax*, au groupe de hackers éthiques *International Subversives*. Le groupe était très actif et Assange a connu son premier procès en 1996. Il a également pris part à différents projets open source et participé au développement du système de fichier chiffré *Rubberhose*, qui permet le déni plausible.

Assange a très vite ciblé les institutions américaines et on le soupçonne d'avoir contribué au vers WANK (Worms Against Nuclear Killers), qui a infecté les ordinateurs de la NASA lors du lancement de la sonde Galileo à la fin de l'année 1989. Il s'agissait de protester contre les risques liés à l'envoi dans l'espace d'un engin propulsé par un générateur thermoélectrique au plutonium. S'il n'a pas empêché le lancement, le vers a infecté plusieurs milliers d'ordinateurs de la NASA, qui a eu beaucoup de mal à s'en débarrasser.

Assange est un personnage controversé, mais tous les observateurs s'accordent à reconnaître ses qualités de hackers et la profondeur de ses engagements politiques et philosophiques. Accusé d'abus sexuel en Suède, il est réfugié à l'ambassade d'Équateur à Londres depuis 2012. Après avoir contribué à montrer la barbarie de la guerre en Irak, il est parvenu à maintenir WikiLeaks et reste très présent dans les médias internationaux. Il est aujourd'hui avec Edward Snowden et Chelsea Manning l'une des icônes planétaires des lanceurs d'alerte.

L'histoire de la création de WikiLeaks est assez amusante et semble sortie tout droit d'une fiction qui associerait les Pieds Nickelés et Géo Trouvetou. WikiLeaks a longtemps été une sorte d'organisation fantôme où Assange et son équipe n'hésitaient pas à se faire passer pour le bœuf du célèbre conte. Avec son compère des premières heures, Daniel Domscheit-Berg, ils répondaient aux sollicitations sous divers noms, se faisant passer pour différents membres de l'organisation, chacun ayant sa spécialité. Le nombre de sympathisants annoncé était très au-delà de la réalité et, longtemps, WikiLeaks n'a eu qu'un serveur unique [Domscheit-Berg, 2011].

WikiLeaks a publié ses premiers documents à la fin de l'année 2006 en diffusant un message diplomatique suggérant que les États-Unis ont incité l'Éthiopie à envahir la Somalie, mais ce sont les révélations sur la corruption de la famille de Daniel Arap Moi à l'été 2007, puis celles des procédures en vigueur à Guantanamo en novembre 2007, qui ont commencé à attirer l'attention des médias.

WikiLeaks

WikiLeaks se décrit ainsi :

« Les principes généraux sur lesquels nous basons notre travail sont la défense de la liberté d'expression et de publication, l'amélioration de notre socle historique commun et la conviction que chacun a le droit de participer à l'élaboration de l'histoire. Nous tirons ces principes de la Déclaration des droits de l'homme, en particulier de l'article 19 qui établit le droit à la liberté d'opinion et d'expression. Ce principe, qui inspire le travail de nos journalistes et d'autres bénévoles, inclut la liberté de professer ses opinions sans interférence, ainsi que celle de rechercher et échanger des informations et idées au sein de tous les médias et sans limites de frontières. Nous soutenons, et chercherons toujours à soutenir les droits énoncés dans la Déclaration des droits de l'homme[a]. »

a. *wikileaks.org/About.html*, vu le 2/9/2015.

L'affaire Julius Bär a projeté WikiLeaks sur le devant de la scène médiatique internationale. Julius Bär est une banque suisse, dont le nom est récemment revenu à la Une avec l'affaire Cahuzac. En janvier 2008, WikiLeaks a reçu, puis publié, un ensemble de documents internes qui montraient l'ampleur et la sophistication du système d'évasion fiscale élaboré par la banque d'affaires.

Après avoir directement menacé les administrateurs de WikiLeaks, la banque a déposé une plainte en Californie, qui a conclu au nécessaire blocage du site. Ce fut là une double erreur. D'une part, les informations restaient disponibles grâce à des dizaines de sites miroirs, mais surtout, ce jugement a attiré l'attention sur l'organisation. Les plus grands médias américains se sont emparés du sujet et ont manifesté leur indignation face à cette atteinte à la liberté d'information. Très rapidement, le juge est revenu sur sa décision et la banque a retiré sa plainte. La preuve était faite, il était possible de lutter et de vaincre une organisation puissante. La caisse de résonance d'Internet pouvait être trop puissante pour être bâillonnée.

Une nouvelle démonstration en a été donnée quelques mois plus tard quand WikiLeaks a publié des documents internes à l'église de Scientologie, notamment ceux qui n'étaient destinés qu'aux plus hauts membres de cette « église. » Cette opération, qui fut menée en lien avec les Anonymous, dont on se souvient qu'ils avaient lancé une cyberguerre contre la scientologie, montra clairement la réalité de cette organisation aux buts pour le moins flous.

Une nouvelle étape a été franchie mi 2009 avec l'affaire Kaupthing où, en pleine crise financière, WikiLeaks a publié des documents montrant que les dirigeants de cette banque islandaise avaient abusé des crédits à des fins personnelles, juste avant la faillite. La popularité de WikiLeaks a alors explosé dans ce petit pays et quand Assange et Domsheit-Berg s'y sont rendus à la fin de l'année 2009, ils y ont été accueillis en héros par une population scandalisée par ces pratiques.

Mais c'est bien sûr l'affaire Chelsea Manning [18] qui a propulsé WikiLeaks et Julian Assange vers les sommets de la notoriété. En avril 2010, WikiLeaks a publié une vidéo intitulée *Collateral Murder* montrant une attaque menée en 2007 par des hélicoptères Apache dans les environs de Bagdad. Au moins 18 personnes ont été tuées, dont deux reporters de Reuters ; deux enfants ont aussi été blessés. La vidéo a rapidement connu un succès planétaire avec des millions de vues. Les échanges des militaires pendant l'action, où ils donnaient l'impression qu'ils jouaient à un jeu vidéo, ont plus choqué encore que l'action en elle-même. Par la suite, WikiLeaks a reçu des milliers d'enregistrements militaires sur les guerres d'Irak et d'Afghanistan qui jetaient une lumière crue sur la réalité de ces conflits. Enfin, plus de 250.000 télégrammes diplomatiques venant de près de 300 consulats, ambassades et autres agences américaines ont été révélés. Organisée en lien avec quelques grands journaux internationaux, dont le Guardian qui a joué un rôle central, la diffusion de ces échanges a provoqué des remous à l'échelle planétaire. Au-delà de messages plus ou moins insultants à l'égard des responsables de nombreux pays, le *Cablegate* montrait clairement l'évidence de la fameuse formule selon laquelle les Américains n'ont pas d'amis, ils ont seulement des intérêts [19].

On a appris plus tard que la fuite venait d'un jeune militaire affecté au renseignement en Irak. Depuis le 11 septembre 2001, la pratique habituelle qui consiste à conserver les données confidentielles dans des silos étanches avait évolué, l'échange de données était devenu prioritaire. C'est ce qui explique que Chelsea Manning ait pu accéder à des informations qui allaient bien au-delà de son périmètre. Dénoncée par Adrian *Lamo*, un ancien hacker avec qui elle s'était liée d'amitié, elle fut arrêtée et condamnée à une peine de 35 ans de prison [20].

18. Bradley Manning a changé de sexe et se nomme maintenant Chelsea.

19. Ce qui n'a rien de surprenant et ne leur est nullement exclusif.

20. La barbarie avec laquelle Chelsea Manning est traitée depuis son arrestation interroge. Elle semble aller bien au-delà de la simple exemplarité dissuasive.

Depuis, WikiLeaks a connu de nombreux déboires, en interne comme en externe, mais à ce jour la plate-forme reste active et crainte par les plus grands. Elle a encore publié récemment des documents confidentiels sur l'accord commercial TISA (*Trade in Services Agreement*) en cours de négociation à l'OMC. L'armée américaine l'a déclaré ennemi d'État et a proposé un plan pour lui nuire en l'intoxiquant afin de la décrédibiliser [Greenwald, 2014].

Comment fonctionne WikiLeaks ?

Les détails de fonctionnement de WikiLeaks sont mal connus, mais concrètement le dépôt de données passe par Tor. On obtient l'adresse sur le serveur principal (*wikileaks.org*) et l'on y trouve une boîte de dépôt complète (figure 6.1).

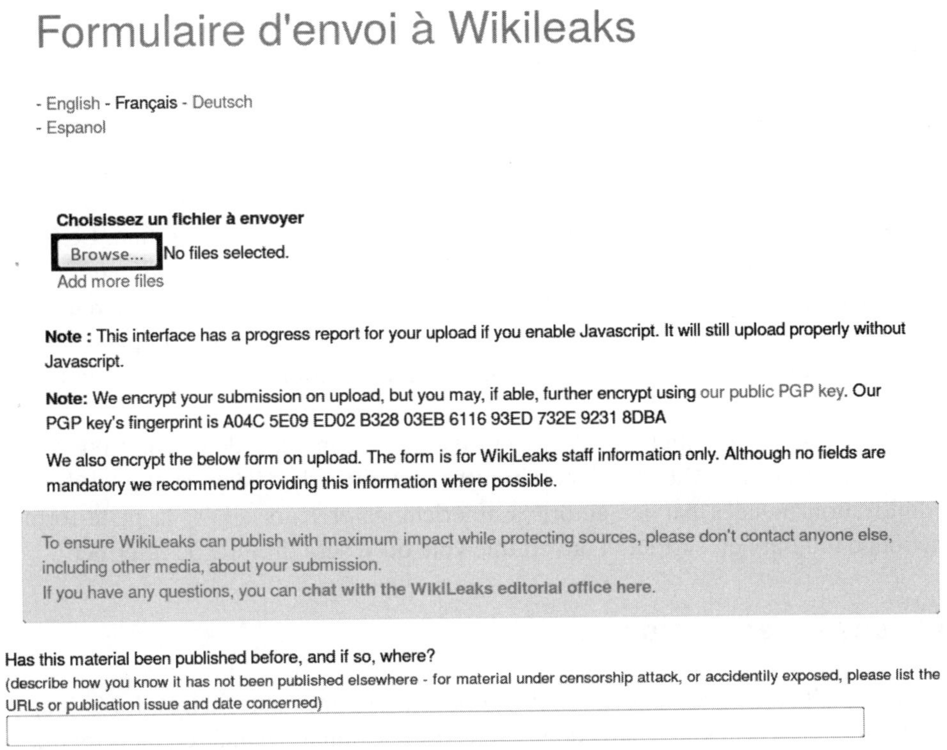

Figure 6.1 – La page de soumission de WikiLeaks

En associant Tor et GPG, le système semble sûr. Les membres de WikiLeaks insistent lourdement sur le fait que le principal risque est lié à l'utilisateur. Le cas Manning en est une bonne illustration. On imagine à quel point il doit être difficile pour celui qui divulgue des informations de rester totalement silencieux et, même si

WikiLeaks explique qu'il ne faut jamais en parler (« même pas à sa mère, ») on peut comprendre que ce silence ne soit pas toujours tenable.

2.2 Les émules

WikiLeaks a ouvert la voie en développant un outil original, mais aussi en montrant que le succès dépend en grande partie de la capacité à intéresser la presse classique. Des informations importantes restent cantonnées aux sites concernés simplement parce qu'insuffisamment relayées auprès du grand public.

Fort de son succès, il a fait des émules dans le monde entier. Le site *leakdirectory.org* recense plusieurs dizaines de plates-formes dédiées. En France, *Mediapart* a monté un site spécifique (*frenchleaks.fr*) pour recueillir les données qui concernent notre pays. On y trouve des informations sur l'argent libyen qui aurait été destiné à la campagne de Nicolas Sarkozy, sur le compte suisse de Jérôme Cahuzac ou encore sur l'affaire Tapie-Lagarde. Il ne semble cependant pas très actif, les dernières informations remontant à septembre 2013.

La communauté du libre s'est emparée du domaine et des outils open source sont maintenant disponibles. *SecureDrop* (*securedrop.org*) initié par le regretté Aaron Swartz et repris par la *Freedom of the Press Foundation* (*freedom.press*) permet de mettre facilement en place un système de dépôt anonyme à destination des journalistes. Il repose sur Tor et GPG. De grands journaux comme le Guardian, Le New Yorker, Forbes ou le Washington Post le proposent à leurs sources. *GlobalLeaks* (*globaleaks.org*) permet de monter sa propre plate-forme. Basé sur Tor, il se veut « le wordpress des plates-formes de lancement d'alertes. » D'un usage simple, cet outil permet à quiconque a quelques connaissances de gestion d'un serveur Linux de proposer un outil propre.

WikiLeaks, et potentiellement ses homologues, sont une démonstration de la puissance du Darknet. Malgré les nombreuses tentatives de déstabilisation et de décrédibilisation menées par les autorités américaines et leurs alliés, la plate-forme fonctionne toujours et, surtout, a ouvert une voie qu'il sera difficile de refermer.

3. Censure et dissidence

La surveillance et la censure sont le propre des régimes autoritaires. La Gestapo ou la Stasi ont laissé des souvenirs douloureux dans le domaine, mais certains régimes contemporains n'ont rien à leur envier.

La Chine est un cas d'école. Le système qu'elle a mis en place pour contrôler l'information sur Internet et tuer dans l'œuf toute dissidence est unique en son genre. Le *Golden Shield Project* (également baptisé par dérision le *Great Firewall*) est sans équivalent dans le monde. On estime qu'au moins 40.000 fonctionnaires sont chargés de la surveillance d'Internet, auxquels s'ajoutent des dizaines de milliers de volon-

Aaron SWARTZ

Aaron Swartz est un hacktiviste américain né en 1986. Il a contribué très jeune à de nombreux projets d'importance, dont le protocole RSS et la licence Creative Commons ou encore Reddit. Il a également collaboré à *SecureDrop* et à *Tor2web*.

Très actif politiquement, il a participé activement à l'abandon du projet de loi SOPA (Stop Online Piracy Act), qui facilitait la fermeture des sites web soupçonnés de contribuer aux viols des droits d'auteurs. Mais c'est surtout dans le domaine de l'Open Access que Swartz a montré son engagement en rédigeant le « Guerrilla Open Access Manifesto[a], » qui commence par « L'information c'est le pouvoir. Mais comme tous les pouvoirs, il y a ceux qui veulent le garder pour eux-mêmes. [...] La production scientifique mondiale est [...] verrouillée par une poignée d'entreprises privées. » Il se termine par « Il n'y a pas de justice à suivre des lois injustes [...] Nous devons télécharger les journaux scientifiques et les mettre à disposition dans des réseaux de partage de fichiers. Nous devons combattre pour la Guerrilla de l'Open Access. » Il faut savoir en effet que depuis une vingtaine d'années, l'édition scientifique est dominée par des groupes privés qui en ont fait une activité d'une rentabilité exceptionnelle, au détriment des budgets recherche. Certains abonnements peuvent atteindre des dizaines de milliers d'euros par an. Les éditeurs verrouillent l'accès aux recherches et font payer pour une ressource qui a été financée par de l'argent public. Pour Swartz, comme pour une part croissante de la communauté scientifique, les résultats des recherches ayant été financées par de l'argent public ne sauraient être commercialisés.

En 2008, Swartz a chargé et mis à disposition du public l'ensemble des documents du PACER une base de données juridique publique, dont l'accès était payant. En 2010 et 2011, il a utilisé un accès du MIT pour télécharger les articles scientifiques de la base JSTOR. Les poursuites engagées à la suite de cette affaire sont à l'origine de son suicide le 11 janvier 2013. L'ampleur des pressions et poursuites dont il faisait l'objet était totalement disproportionnée.

a. *archive.org/stream/GuerillaOpenAccessManifesto/Goamjuly2008_djvu.txt*, vu le 12/10/2015.

taires[21], rémunérés ou non, qui surveillent et orientent les discussions sur les forums et qui rapportent aux autorités les contenus « déviants. »

La Chine utilise l'ensemble des outils de filtrage disponibles, notamment :

— Le blocage de certaines adresses IP. Elle peut ainsi interdire aussi bien l'accès aux serveurs de Facebook ou de YouTube qu'à des sites personnels[22].

— Le *DNS poisoning* qui empêche l'accès aux domaines jugés dangereux.

21. On a parlé d'un total de 2 millions de personnes impliquées plus ou moins directement dans la surveillance d'Internet.

22. Le site *blockedinchina.net* permet de vérifier si la Chine bloque un domaine donné.

— L'analyse des URL pour bloquer celles qui contiennent des mots clés interdits.
— Le *Deep Packet Inspection* (DPI) qui permet de vérifier en temps réel la conformité des échanges non chiffrés.
— Le blocage des VPN. Depuis quelques années, les autorités chinoises ont mis en place un système qui, en analysant les flux, repère les connexions VPN et les bloque ou en perturbe le fonctionnement.

On a encore eu une démonstration de l'efficacité du système de censure lors de l'explosion de Tianjin en août 2015, quand les posts critiques sur les réseaux sociaux ont été rapidement éliminés.

Le contrôle total est impossible et les autorités chinoises ont dû renoncer à une partie de leurs exigences, mais les échanges considérés comme réellement dangereux restent très surveillés et censurés. Dans ce contexte, le Darknet est une fenêtre vers la liberté d'expression et d'information. Tor est naturellement sujet à blocage en Chine, mais les méthodes de dissimulation du type *pluggable transport* (voir section 3.2 page 58) semblent fonctionner[23]. En permettant une communication libre, les outils du Darknet empêchent que le couvercle de la censure se referme complètement.

La Chine est un cas extrême, mais censure et contrôle sont désormais omniprésents dans les régimes autoritaires. À la faveur des printemps arabes, on a découvert l'ampleur du contrôle d'Internet dans ces pays [Wagner, 2012]. En Tunisie, dès 1997 des mesures ont été adoptées pour filtrer le Web avec des logiciels comme *SmartFilter*. À partir de 2003, ce sont des outils de filtrage des e-mails qui ont été utilisés. Les choses sont passées à l'étape supérieure en 2007 avec la mise en place de systèmes de *Deep Packet Inspection* (DPI) qui inspectent les flux pour les contrôler.

L'Égypte pour sa part était plus orientée vers la surveillance que le filtrage, mais elle n'a pas hésité à couper l'accès à internet dans l'ensemble du pays ou presque au moment de la révolution. On se souvient que divers groupes comme FDN ou les Telecomix ont alors ouvert des connexions bas débit en masse pour permettre aux égyptiens de passer outre ce blocage.

La Syrie et la Libye ont également instauré des systèmes de contrôle puissants, au plus grand profit des sociétés occidentales qui commercialisent et entretiennent ces outils [European-Parliament, 2012].

Les systèmes de contrôle ne se limitent pas à la surveillance. Au moment de la révolution de Jasmin en Tunisie, le nombre de sites censurés a doublé en quelques semaines et des cyber attaques ont été lancées contre les activistes et les journalistes, bloquant ou modifiant leurs blogs ou pages Facebook. Les arrestations ont été nombreuses, montrant que les outils ne visaient pas seulement le filtrage, mais étaient utilisés aussi à des fins directement répressives. Bloomberg dans *Torture in Bahrain Becomes Routine With Help From Nokia Siemens*[24] raconte l'interrogatoire d'Abdul

23. *blog.torproject.org/category/tags/china*

24. *bloomberg.com/news/articles/2011-08-22/torture-in-bahrain-becomes-routine-with-help-from-nokia-siemens-networking*

Ghani Al Khanjar, un activiste des droits de l'homme : « D'abord, les geôliers de Bahrein équipés de matraques en caoutchouc ont battu [le prisonnier][...], puis ils l'ont traîné en haut pour un interrogatoire par un officier en uniforme équipé d'un autre type d'arme : la transcription de ses messages texte et les détails de ses conversations téléphoniques. [...] Comment pouvaient-ils savoir tout ça ? Grâce aux logiciels de surveillance conçus en Occident [...] »

En Syrie, avec la guerre des moyens gigantesques ont été alloués à la *Syrian Electronic Army* afin de « réprimer les manifestations » et de permettre de suivre en temps réel les communications, les connexions web et le réseau de contacts de n'importe quelle cible [25]. Pour les contrer, des activistes locaux comme le *Syrian Center for Media and Freedom of Expression*, mais aussi internationaux, sont entrés en action.

Le groupe Telecomix (*telecomix.org*) s'est très rapidement engagé auprès des dissidents syriens [26] avec un double objectif *i)* promouvoir l'usage de HTTPS et de Tor, *ii)* aider à la diffusion d'informations hors de Syrie. Pour l'opération *Carrier Pigeons* (pigeons voyageurs), ils ont spammé 6.000 boîtes mails avec un message qui contenait des informations sur les méthodes à utiliser pour se protéger et diffuser des informations. Pour éviter que les activistes locaux ne soient repérés, ils ont ciblé aussi bien des pro que des anti-Assad. Ils ont ensuite monté un site web qui contenait un kit de sécurité incluant notamment Tor, une messagerie instantanée sécurisée et un guide de bonnes pratiques. Ce site, renforcé par de nombreux miroirs, a connu un vrai succès et a permis à Telecomix d'entrer en contact avec la population locale pour l'aider à mettre en œuvre les outils proposés. Ils ont également monté des relais bridges (voir section 3.2 page 58) et des VPN. L'action des Telecomix et du *Syrian Center for Media and Freedom of Expression* a aidé à informer les populations locales et a permis aux Syriens eux-mêmes d'informer le monde (figure 6.2 page suivante).

Les outils du Darknet ont assuré le maintien des canaux d'information et une certaine transparence pendant les heures les plus sombres des printemps arabes. Ils ont ainsi contribué à leur succès en renforçant la pression des opinions publiques internationales.

Cette capacité à concourir à la liberté d'information ne vaut pas seulement pour les dissidents, elle vaut aussi pour les médias en général. Les journalistes d'investigation, les reporters de guerre, mais aussi certains avocats et de manière générale, tous ceux qui cherchent à mettre en lumière des réalités dérangeantes sont potentiellement menacés et sont amenés prendre toutes les précautions possibles pour protéger leurs sources. Cela explique pourquoi les organisations de journalistes sont en pointe dans la popularisation des méthodes de protection des données. Le journalisme d'investigation dispose avec le Darknet d'un appui précieux. En France, Reporters Sans

25. *bloomberg.com/news/articles/2011-11-03/syria-crackdown-gets-italy-firm-s-aid-with-u-s-europe-spy-gear*, vu le 25/9/2015.

26. *reflets.info/opsyria-when-the-internet-does-not-let-citizens-down*, vu le 30/11/2015.

#opsyria : news from the ground

Description:
news from telecomix #opsyria

2012-02-17 14:32:21 +0100|The Barzeh area of Damascus was stormed two days ago by regime forces, who reportedly arrested about a hundred people and killed three, bodies still being with security forces at present. In preparation of the storming, the whole area was deprived of electricity for a long period, and the operation was conducted by military and security forces with support of armored vehicles. The entrances of Barzeh were sealed during the operation. At present, demonstrations are however reportedly back into the streets of Barzeh.

2012-02-17 13:48:49 +0100|Water outages are reported in some areas of Damascus, as a result of electricity being shutdown. Some homes are provided with water thanks to pumps running on electricity.

Figure 6.2 – opsyria : une fenêtre sur les événements en Syrie

Frontières est très actif et propose avec le site *WeFightCensorship.org* un « Kit de survie numérique » qui présente des outils et les bonnes pratiques de préservation de la confidentialité et de l'anonymat. Mais c'est au Royaume-Uni avec le *Centre for Investigative Journalism* que l'on trouve les ressources les plus complètes avec notamment le guide « *Information Security for Journalists* » [Carlo et Kamphuis, 2015] qui est librement téléchargeable [27].

Les *Crypto Wars* ne sont pas terminées. Face aux abus des différents pouvoirs, la communauté du libre a développé des outils puissants et efficaces au service du respect de l'intimité, mais aussi de la liberté d'information et de la liberté tout court, comme en témoigne son usage par les communautés homosexuelles en Russie ou en Ouganda. De Pékin à Damas en passant par Kampala, le Darknet permet de communiquer, d'informer, de lutter contre la censure et le contrôle. Avocats, journalistes, dissidents y trouvent un outil au service de leur mission et de leurs idéaux. Pour nous tous, le Darknet fait partie « des interrupteurs, pour échapper au contrôle » chers à Gilles Deleuze. Il est aujourd'hui un moyen essentiel pour contenir l'excès de pouvoir que la généralisation d'internet a conféré aux grandes organisations.

27. *tcij.org/resources/handbooks/infosec*

Quatrième partie
Annexes

Annexe A Se protéger sur internet

« Cliquez, vous êtes traqués. » Ce titre d'un documentaire télévisé résume bien la situation sur Internet où la surveillance et le suivi (le *tracking*) sont désormais constants et omniprésents.

Le tracking est d'abord le fait des grands services marketing qui gèrent l'affichage des publicités. Leur puissance et leur sophistication laissent rêveur, comme en témoigne la mode actuelle du *Real Time Bidding* (les enchères en temps réel). Quand vous vous rendez sur un site web, des enchères entre annonceurs sont organisées. Ils décident de votre valeur en fonction de votre historique de navigation, vos habitudes d'achat, votre lieu de résidence, etc.

Ces services peuvent avoir une connaissance profonde des internautes. On ne parle pas là seulement du rythme de changement de nos équipements électroniques ou de nos choix littéraires, mais bien souvent aussi d'informations très privées, voire intimes. Devons-nous accepter cette perte profonde de notre intimité ? C'est une décision qui revient à chacun, mais pour illustrer la puissance des outils mis en œuvre, rappelons cette anecdote qui a récemment fait grand bruit. Inquiet et perturbé de voir que sa fille de 17 ans recevait des coupons de réduction pour des produits de grossesse, un père de famille américain s'est rendu dans le supermarché concerné pour y prendre le directeur à parti. Il a dû s'excuser quelques jours plus tard après avoir appris qu'elle était effectivement enceinte. Internet savait avant son père ce qui lui était arrivée [1].

Les gens de marketing expliquent que tout ceci est au seul avantage du consommateur, mais il est amusant de savoir que le tracking est également utilisé comme outil de *pricing strategy*. Une expérience menée en 2013 a montré que sur certains sites, les prix proposés pour un produit donné dépendent notamment de la localisation de l'acheteur, de son historique de navigation et du système d'exploitation qu'il utilise [2]. Le tracking permet de faire des prix à la tête du client !

---

1. *nytimes.com/2012/02/19/magazine/shopping-habits.html*, vu le 25/10/2015.
2. *econsultancy.com/blog/62699-online-price-discrimination-a-surprising-reality-in-ecommerce*, vu le 25/9/2015.

Pour comprendre l'ampleur du problème et la densité des échanges d'informations à but commercial, on peut utiliser des extensions pour navigateur comme *lightbeam*[3] ou *CookieViz* proposé par la CNIL[4]. On voit (figure A.1) le réseau obtenu après s'être simplement rendu sur les pages d'accueil de deux grands quotidiens nationaux.

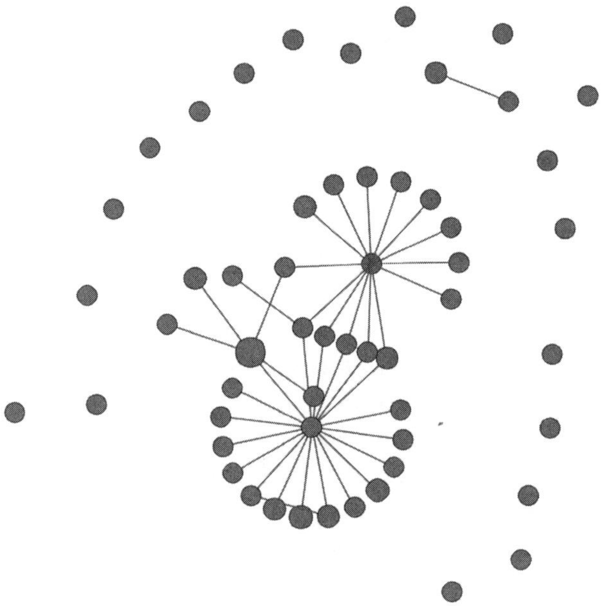

Figure A.1 – Navigation et réseau d'échanges de données

Tracking et surveillance sont ensuite le fait de la masse d'escrocs qui cherchent à tirer profit de nos informations personnelles. La multiplication des cas de vols d'identité incite à la prudence. En infectant nos ordinateurs ou en surveillant l'activité des réseaux, il est parfaitement possible de trouver les informations nécessaires pour ouvrir un compte en banque, prendre une location, voire obtenir des papiers au nom de la victime. L'expérience montre qu'il est extrêmement difficile de sortir rapidement et indemne de ce type de situation.

Tracking et surveillance sont enfin le fait des grandes agences de renseignement tant nationales qu'originaires de pays plus ou moins amis.

Les efforts nécessaires dépendent bien sûr du niveau de la menace dont on souhaite se protéger. Préserver un peu sa vie privée amène à renoncer à des fonctionnalités très pratiques, comme la saisie prédictive ou la personnalisation des pages d'accueil. C'est ennuyeux et un peu gênant, la liberté a toujours un prix, mais cela

3. *addons.mozilla.org/en-US/firefox/addon/lightbeam*
4. *cnil.fr/vos-droits/vos-traces/les-cookies/telechargez-cookieviz*

reste très supportable. Se cacher d'organisations puissantes est en revanche un travail à plein temps. Les outils sont lourds, parfois complexes et la discipline et la rigueur nécessaires à leur bon usage doivent être absolues. Une seule erreur peut suffire à faire s'effondrer l'ensemble des efforts antérieurs. L'objectif ici est plus modeste. Il s'agit simplement de présenter les bonnes pratiques qui suffisent à limiter le tracking courant et à réduire les risques d'accès à des données confidentielles. Les journalistes et dissidents qui ont besoin d'une protection avancée trouveront facilement des ressources sur Internet, grâce notamment à Reporters Sans Frontière (*wefightcensorship.org*) et au *Centre pour le journalisme d'investigation* (*The Centre for Investigative Journalism, tcij.org*). Le TCIJ met à disposition *Information Security for Journalists* [Carlo et Kamphuis, 2015] qui est une excellente référence [5]. Le *Guide d'autodéfense numérique* (*guide.boum.org*) est également précieux [Collectif, 2014].

1. Les bases

Quel que soit le niveau de menace dont on souhaite se protéger, deux règles essentielles doivent être respectées :

- Le système d'exploitation et les logiciels doivent être à jour. Cette opération doit impérativement être accomplie très régulièrement, idéalement quotidiennement.
- Le système doit être propre. Les utilisateurs de Windows doivent maintenir un antivirus et y soumettre leur machine y compris juste après l'achat. Les ordinateurs neufs ne sont pas forcément dépourvus de *malwares*.

1.1 Système d'exploitation

Utiliser Linux est moins risqué qu'utiliser Mac OS, qui est moins risqué que Windows, tout simplement parce que le niveau de risque est fonction directe du taux de diffusion. C'est une question de rentabilité pour ceux qui développent les *malwares*.

De manière générale, si l'on veut aller au-delà d'une protection minimale, il vaut mieux éviter Windows. Il convient en particulier d'être très méfiant envers le nouveau Windows 10, qui intègre un ensemble d'outils pour collecter des informations sur nos habitudes, nos achats, nos relations, notre position, etc. On peut désactiver une grande partie de ces transferts, mais cela semble passablement compliqué. L'immense majorité des utilisateurs ne prendra pas le temps de naviguer dans les multiples sous-menus où se trouvent les paramètres correspondants [6]. La communauté

5. *tcij.org/resources/handbooks/infosec*

6. Selon Microsoft, ceci est nécessaire au bon fonctionnement du système et il est vrai que la précision d'un assistant comme *Cortana* dépend de sa connaissance de l'utilisateur. Mais ce n'est nullement un « impératif » comme voudrait le faire croire l'éditeur. Les autres systèmes fonctionnent parfaitement sans aller aussi loin dans le recueil des données personnelles. Microsoft cherche ici à construire un nouveau derrick pour accéder à l'or noir des Big Data.

n'est heureusement pas restée inactive et un outil est déjà disponible pour désactiver automatiquement l'essentiel des transferts inappropriés (*DisableWinTracking* [7]). Cela ne bloque pas tout [8], mais cela limite les fuites et l'espionnage.

Si l'on recherche un niveau de protection élevé, seul Linux doit être utilisé. Soit avec des systèmes conviviaux comme Mint ou Ubuntu, soit à l'extrême avec Tails (voir section 1 page 47).

1.2 Mots de passe

Le mot de passe est votre serrure. Si vous posez un simple loquet on entrera facilement, ce qui est d'autant plus grave que des robots parcourent constamment internet à la recherche de comptes mal protégés.

Un site canadien a récemment publié la liste des mots de passe les plus utilisés [9]. On y trouve les fameux `123456` ou `123123` ou les classiques `password` ou `changeme`. Tous les mots de passe de ce type, comme tous ceux qui sont basés sur des mots du dictionnaire et leurs variantes, sont faibles et peuvent être cassés, souvent en quelques secondes seulement si les conditions d'accès sont favorables.

La complexité des mots de passe dépend bien sûr de l'enjeu. Il est toujours difficile de taper un long code avant d'accéder à son service favori. Là où l'on n'a pas besoin d'une sécurité avancée, 8 à 10 caractères mêlant chiffres, minuscules et majuscules suffisent. On recommande classiquement de transformer une phrase pour aider à la mémorisation. `Jva36QdO` pour « Je vis au 36 Quai des Orfèvres » est un exemple simple typique.

Si l'on a besoin d'une vraie protection, on utilisera au moins une vingtaine de caractères, pris aussi bien parmi les lettres et chiffres que parmi les caractères spéciaux. On pourra s'aider d'un logiciel de génération de mot de passe, même si la meilleure solution reste le tirage aléatoire.

Gérer ses mots de passe est une opération lourde et d'autant plus ennuyeuse qu'ils ne doivent pas être communs à plusieurs comptes et qu'il est recommandé d'en changer régulièrement. Pour faciliter l'usage, on peut installer un logiciel dédié qui enferme les données de ses différents comptes dans un container chiffré. Il suffit de mémoriser le mot de passe principal. *KeePassX* (*keepassx.org*) présente l'avantage d'être disponible pour de nombreux systèmes d'exploitation, y compris mobiles. On dispose de ses précieux sésames sur l'ensemble de ses supports.

---

7. *github.com/10se1ucgo/DisableWinTracking/releases*

8. *arstechnica.com/information-technology/2015/08/even-when-told-not-to-windows-10-just-cant-stop-talking-to-microsoft*, vu le 25/9/2015.

9. *protegez-vous.ca/technologie/les-15-types-de-mots-de-passe-les-plus-repandus-sur-le-web.html*, vu le 10/10/2015.

Elle vend des mots de passe

L'histoire de Mira Modi, une jeune new-yorkaise de 11 ans, a récemment fait sensation[a]. Pour 2 dollars, elle propose sur *dicewarepasswords.com*, de générer un mot de passe de 6 mots et de vous l'envoyer par la poste, parce que dit-elle : « un courrier est beaucoup mieux protégé juridiquement contre l'espionnage qu'un message électronique. »

Elle utilise la méthode *Diceware* proposée par Arnold Reinhold (*world.std.com/~reinhold/diceware.html*). À chacun des près de 8.000 mots du dictionnaire Diceware est associé un code de 5 nombres de 1 à 6. En voici les sept premières entrées :

```
11111 a
11112 a&p
11113 a's
11114 aa
11115 aaa
11116 aaaa
11121 aaron
```

On tire un dé 5 fois et on sélectionne le mot correspondant. En répétant cette opération six fois, Mira Modi crée une phrase de passe formée de 6 mots. Le résultat est très long et beaucoup plus facile à mémoriser qu'un mot de passe classique.

Cette méthode est très performante et si Mira Modi n'est pas surveillée, qu'elle détruit irrémédiablement les mots de passe après les avoir envoyés et qu'elle ne les mémorise pas, faire appel à ses services est potentiellement une excellente garantie de sécurité !

Basés sur une suite de lettres et de chiffres, les mots de passe habituels sont difficiles à retenir, mais faciles à découvrir pour un ordinateur. Les *phrases de passe* sont bien meilleures. Le simple fait de juxtaposer des mots facilite la mémorisation tout en renforçant la sécurité. Il existe même une méthode qui, à partir du hasard, tente de générer des petits poèmes comme `Joanna kissing verified / soprano finally reside`. Je ne jugerai pas de la qualité littéraire du résultat, mais pour ce qui est de la sécurité, avec une cinquantaine de caractères, elle est excellente [Ghazvininejad et Knight, 2015].

a. *arstechnica.com/business/2015/10/this-11-year-old-is-selling-cryptographically-secure-passwords-for-2-each, vu 12/11/2015*

1.3 Suppression des données

Quand on efface un fichier, seule sa référence disparaît, le contenu est toujours présent sur le disque. Des outils comme *BleachBit* (*bleachbit.sourceforge.net*) tentent d'écraser les données en les remplaçant par de nouvelles. Quel que soit le logiciel d'effacement utilisé, la suppression est rarement parfaite et des données peuvent être retrouvées par les laboratoires spécialisés. Leur effacement total suppose l'usage d'outils lourds, comme le passage dans des champs magnétiques intenses.

1.4 Chiffrage

Chiffrer sa partition de données fournit une bonne protection en cas de vols et peut beaucoup compliquer le travail de ceux qui sont susceptibles de pénétrer votre ordinateur. Pour une protection de base, on pourra se contenter des outils de chiffrage intégrés dans tous les grands systèmes d'exploitation. Si l'on doit aller plus loin, TrueCrypt, malgré ses déboires (voir page 42), semble rester un bon outil. On peut en trouver la dernière version opérationnelle sur *truecrypt.ch*. *EncFS* (*vgough.github.io/encfs*), même s'il n'est pas le plus puissant, fournit également un bon niveau de protection.

1.5 MAC Spoofing

Les cartes réseau sont dotées d'un identifiant unique : l'*adresse MAC* (*Media Control Adress*). Il est partie intégrante du processus de routage sur internet. Localement, c'est grâce à lui que vos équipements peuvent avoir une IP fixe sur votre réseau domestique.

D'après les révélations Snowden, la NSA peut suivre les déplacements de n'importe qui en traçant les adresses MAC des smartphones et autres ordinateurs portables.

Pour empêcher le traçage, il existe des utilitaires de *MAC Spoofing* qui modifient aléatoirement l'adresse MAC d'un équipement. On pourra utiliser la commande `macchanger` pour Linux ou *Windows Mac Changer* (*soonware.blogspot.fr*) pour le système de Microsoft. *SpoofMAC* (*github.com/feross/SpoofMAC*) fonctionne sur les trois grands systèmes d'exploitation.

2. La navigation

Le navigateur est le point d'entrée principal sur Internet. Chrome, dont le succès est impressionnant, est souvent considéré comme un *spyware* géant. *A minima*, on lui préférera Chromium qui en est la version ouverte, dépourvue des outils de surveillance. Si l'on souhaite se préserver, Firefox est de loin le meilleur choix. Ce n'est pas un hasard s'il est la base du *Tor Browser*. Outre la sécurité de l'open source, il bénéficie de tout un écosystème d'extensions (*addons.mozilla.org*) pour limiter le tracking.

2.1 Cookies

Aujourd'hui encore, les cookies restent la plus grande menace pour la préservation de la vie privée. En enregistrant sur notre disque dur l'essentiel de nos activités, ils permettent de nous suivre très précisément. Les désactiver n'est pas toujours très pratique. Les cookies nous évitent d'entrer des informations quand on accède à nos sites favoris et sans eux il peut être impossible d'utiliser certaines fonctionnalités. Se limiter aux seuls cookies de session en paramétrant leur suppression à la fermeture du navigateur, réduit la confidentialité, mais permet de pallier ces lourdeurs. Une extension pour Firefox comme *Self-Destructing Cookies* permet de gérer finement et facilement la persistance des cookies.

Les cookies vont maintenant beaucoup plus loin que le simple fichier texte des origines. Les *cookies Flash* (*Local Sharing Objects* ou LSO) sont ainsi particulièrement invasifs. On utilisera des extensions comme *BetterPrivacy* pour les éviter.

D'autres formes émergent régulièrement, dont le récent *Canvas Fingerprinting* qui utilise les fonctionnalités du nouvel HTML5, pour générer une image cachée propre à l'utilisateur. Développé par l'EFF, *Privacy Badger* (*eff.org/privacybadger*) est capable de gérer cette nouvelle technologie.

2.2 Extensions pour réduire le traçage

Au-delà de la gestion des cookies, il est de bonne pratique d'installer certaines extensions importantes.

— L'usage du protocole SSL/TLS est essentiel, d'où l'importance de l'utilisation de HTTPS *Everywhere* (*eff.org/HTTPS-everywhere*), une extension développée par l'EFF qui active automatiquement les échanges sécurisés s'ils sont disponibles sur le site visité.

— *Disconnect* est conçu pour accélérer la navigation, bloquer le traçage par plus de 2000 sites et préserver la confidentialité des recherches. Il serait l'une des « 20 meilleures extensions de Firefox. »

— *Clean Links* permet de supprimer les liens indirects qui montrent quel site vous a envoyé à tel endroit.

— L'installation de *NoScript* est recommandée dans la mesure où les scripts JavaScripts peuvent être utilisés pour transmettre des données personnelles. Son usage peut toutefois compliquer grandement la navigation.

Même si l'on prend un maximum de précautions pour réduire le traçage, il reste généralement possible d'identifier l'utilisateur. Notre configuration (système d'exploitation, résolution écran, etc.), révélée par notre navigateur, peut permettre une identification non ambiguë. L'EFF propose *panopticlick* (*panopticlick.eff.org*) qui permet de vérifier dans quelle mesure une configuration est spécifique. *Random Agent Spoofer* réduit ce risque d'identification en faisant passer aléatoirement son navigateur pour un autre.

2.3 Moteurs de recherche

Les grands moteurs commerciaux sont très invasifs. Ils enregistrent nos requêtes et comme ils ont généralement la possibilité d'identifier individuellement les requêteurs, ils connaissent nos centres d'intérêt, mais aussi nos problèmes, nos soucis et nombre de nos actions. N'espérez pas vous préserver si vous utilisez Google, Yahoo! ou Bing. Il existe maintenant des moteurs de qualité qui limitent le traçage.

— *DuckDuckGo* (*duckduckgo.com*) est un classique des moteurs anonymes. Il en existe une version sur le Web caché de Tor.

— *Ixquick* (*ixquick.com*) est un métamoteur qui se veut « le plus confidentiel du monde. »

— *Disconnect Search* (*disconnect.me/search*) propose un service VPN pour interroger son moteur favori sans être identifié.

— *Unbubble* (*unbubble.eu*) se veut garant de la neutralité des résultats et de la confidentialité.

— *Startpage* (*startpage.com*) joue le rôle de proxy vis-à-vis de Google. Avec lui, on interroge Google sans qu'il puisse nous identifier.

— *Qwant* (*qwant.com*) est un moteur original, d'origine française, qui limite le traçage.

— On doit enfin citer *Seeks* (*beniz.github.io/seeks*) un projet open source qui cherche à garantir la neutralité des résultats à travers des outils de recherche collaborative.

3. Les échanges

3.1 Mails

Le suivi des courriers électroniques permet une connaissance précise de l'activité d'un individu. Les grands prestataires gratuits accèdent à nos contenus et les utilisent à des fins marketing. Pour limiter l'intrusion, on réservera l'usage de son adresse personnelle aux échanges en qui l'on a toute confiance (les amis, la banque, etc.). On veillera à avoir une (ou plusieurs) adresse « poubelle » que l'on utilisera systématiquement pour les connexions aux multiples sites de services en ligne qui nous sollicitent. Cela ne garantit nullement l'anonymat, mais permet au moins de limiter les spams et de brouiller un peu les pistes. Les grands fournisseurs comme Gmail sont parfaitement capables de rapprocher les différents comptes que l'on peut avoir chez eux (sauf à prendre des précautions spécifiques), il faut y être attentif.

Si l'on veut aller plus loin, on se tournera vers des prestataires qui garantissent une certaine confidentialité et le chiffrage des échanges, comme *GhostMail* (*ghostmail.com*) ou *mailbox* (*mailbox.org*). En cas de menace sérieuse seuls des outils comme GPG doivent être utilisés. On veillera alors à être le moins précis possible dans l'objet du mail et à passer par un réseau d'anonymisation

les clients mails peuvent également présenter des risques. On doit privilégier les clients open source comme *Thunderbird* (*mozilla.org/fr/thunderbird/*) ou *Claws mail* (*claws-mail.org*).

3.2 Métadonnées

On peut partir du principe que tout fichier contient des métadonnées et que celles-ci constituent une faille potentielle pour la préservation de l'anonymat. On se souvient que John McAfee a pu être localisé durant sa cavale en Amérique du Sud grâce aux coordonnées GPS que contiennent les photos.

Si l'on a besoin d'une protection forte, on utilisera systématiquement un outil de suppression des métadonnées comme MAT (*Metadata Anonymisation Toolkit, mat.boum.org*), qui peut nettoyer l'ensemble des grands types de fichiers.

4. Connexions

4.1 Hotspots Wi-Fi

Quand on se connecte à internet, l'opérateur utilisé connaît nos échanges. Il n'en saura que les dates et destinations si l'on a pris la précaution d'activer le SSL/TLS, il pourra en connaître les détails sinon. Les bornes Wi-Fi gratuites représentent un réel danger (et il en va de même pour n'importe quel cybercafé indélicat, mais aussi éventuellement pour votre réseau d'entreprise). Une expérience menée récemment par *Canard PC* [Canard-PC, 2015] est instructive.

Les journalistes ont installé un hotspot gratuit sur le parvis de la Défense à l'heure du déjeuner. Comme la majorité des smartphones se connectent automatiquement aux réseaux ouverts, ils ont pu récupérer plus de 10 Go de données en quatre heures et pour ceux qui ont mené l'opération : « les résultats de l'expérience se sont avérés tellement sensibles que, pour éviter toute incitation, nous avons décidé de ne pas les publier. »

La récupération des données est similaire à celle que nous avons vue pour les relais de sortie Tor (voir section 3.2 page 61). Si la connexion n'est pas sécurisée, l'opérateur indélicat peut accéder à tous vos échanges, mots de passe compris.

A minima, on évitera les *hotspots* pour se connecter à sa banque ou à tout autre service sensible.

4.2 DNS

Les serveurs DNS (Domain Name Service) permettent de passer d'une adresse internet à son IP, seul identifiant réel permettant d'accéder à un serveur donné. Avec votre abonnement internet, vous avez reçu les IP de serveurs DNS gérés par votre FAI.

Les DNS sont un point faible de la sécurité d'internet et peuvent être utilisés pour suivre la navigation d'un utilisateur. Le contrôle des DNS est par ailleurs couramment utilisé en France pour bloquer les accès aux sites illégaux (voir section 2 page 16). Au lieu du DNS de son FAI, on préférera l'usage de DNS ouverts, comme *OpenNic* (*opennicproject.org*). Je ne détaillerai pas ici le mode opératoire, car il varie selon les systèmes d'exploitation, mais il est élémentaire et l'on trouvera très facilement sur Internet les modes d'emploi correspondants.

4.3 VPN

Si le VPN ne saurait être un outil fiable de préservation de l'anonymat (voir section 2.2 page 51), il est en revanche très utile pour limiter les intrusions dans sa vie privée. En cachant votre adresse réelle, il dissimule l'essentiel de vos activités aux multiples outils de suivi qui sont mis en œuvre par les régies publicitaires. Ils ne dispensent toutefois nullement des précautions évoquées plus haut. Si vos cookies sont activés, même si vous passez par un VPN pour visiter le site de votre quotidien favori, il saura parfaitement qu'il s'agit bien de vous.

En cas d'utilisation de VPN, on devra veiller à désactiver le WebRTC [10].

5. Cloud

Le célébrissime *Cloud* est en passe de révolutionner l'usage même de l'ordinateur. Dans un futur proche, notre smartphone devrait tenir lieu aussi bien de téléphone que de laptop, voire de desktop. Il suffira de le connecter à une station accueillant écrans, claviers et autres périphériques pour disposer d'un ordinateur complet. La puissance de traitement sera déportée et même les coûteux calculs que nécessitent les graphismes des jeux vidéo pourront être accessibles à ce petit appareil.

Le cloud est très certainement le principal ennemi à venir de la préservation de la vie privée. Sa généralisation nécessitera un travail énorme de la part de la communauté du libre pour en limiter les excès. Aujourd'hui déjà, il est massivement utilisé pour le stockage en ligne. *Dropbox* et ses innombrables avatars font assaut de convivialité et de gratuité pour attirer le chaland et leur succès est impressionnant. Bien sûr, le client est le produit et stocker ses données en clair chez un opérateur externe revient très généralement à les lui mettre à disposition.

10. Voir glossaire. Avec Firefox, il faut taper `about:config` dans la barre d'adresse, puis passer à *false* le paramètre *media.peerconnection.enabled*. Seul Windows semble touché par cette faille.

Il existe maintenant des outils open source qui permettent d'utiliser le cloud sans que ses données ne soient employées par des tiers. *Seafile* (*seafile.com*) garantit la meilleure configuration de sécurité, puisque basée sur le chiffrage côté client. Les informations ne sont donc en clair que sur votre propre disque. *Owncloud* (*owncloud.org*) est probablement l'environnement cloud libre qui connaît le plus grand succès. Doté de fonctions collaboratives, il est d'un usage agréable. Owncloud permet le chiffrage de ses données, mais seulement côté serveur, ce qui, sauf à être ciblé, n'est pas un réel problème.

Tahoe-LAFS (*tahoe-lafs.org*) est un outil original qui stocke les données sur plusieurs serveurs, un peu à la façon de BitTorrent et garantit l'impossibilité d'accéder ou de modifier les données des utilisateurs.

À chacun de trouver le bon équilibre entre préservation de la vie privée et de la confidentialité des échanges et lourdeur d'utilisation. Les longs mots de passe, la désactivation des cookies ou l'usage de certaines extensions limitent la convivialité de la navigation. La saisie prédictive des recherches est extrêmement pratique et c'est par cette convivialité que les grands services publicitaires nous attirent dans leurs filets, mais, pour être efficace, elle doit reposer sur une connaissance fine de nos habitudes. S'en passer fait partie du prix à payer.

Sauf à prendre des précautions lourdes, vos faits et gestes resteront plus ou moins connus, mais des actions élémentaires, comme la simple désactivation des cookies et l'usage d'extensions pour limiter le traçage, auront un effet drastique sur la connaissance que des tiers pourront avoir de vous-même, mais aussi tout simplement sur le volume de sollicitations commerciales ciblées que vous recevrez.

Annexe B Glossaire

3DES (*Triple DES*) extension de l'algorithme de chiffrage symétrique DES proposée en 1998.

AES (*Advanced Encryption Standard*) algorithme de chiffrage à clé secrète proposé en 1997 en remplacement du DES. Il a été retenu comme standard en 2002.

Airgapped se dit d'un équipement qui n'est jamais connecté à internet pour se prémunir des failles matérielles. Dans un contexte de menace lourde, c'est sur ce seul équipement que l'on doit accéder aux fichiers chiffrés. Tout ordinateur pouvant potentiellement être relié à internet ne doit héberger que du contenu chiffré.

Backdoor voir porte dérobée.

Botnet réseau de machines zombies. Certains groupes cherchent à infecter des masses d'ordinateurs de manière à en prendre le contrôle sans que l'utilisateur en ait conscience. Ces machines sont utilisées pour des opérations de spam, d'attaque DDoS (déni de service), voire d'attaques force brute distribuées (recherche de mots de passe). Pour situer leur importance, un botnet (*Simda*) réunissant près de 800.000 ordinateurs dans le monde a été démantelé au début de l'année 2015.

Chiffrage asymétrique (ou à clé publique) proposé à la fin des années 1970 par Whitfield Diffie et Martin Hellman, ce système repose sur l'usage d'une clé publique et d'une clé privée. On chiffre avec la clé publique du destinataire qui, seul, peut déchiffrer le message avec sa clé privée. Il a été mis en œuvre pour la première fois en 1977 avec l'algorithme RSA qui utilise une fonction à trappe basée sur la décomposition de grands nombres premiers.

Chiffrage symétrique (ou à clé secrète) méthode de chiffrage des échanges où le même mot de passe est utilisé pour le chiffrage et le déchiffrage. C'est la méthode classique et historique. Elle présente l'avantage de la simplicité et d'une relative légèreté, mais pose le problème du risque d'interception lors de l'échange initial des clés. Le chiffrage symétrique est difficilement généralisable à l'ensemble d'une population, car il nécessite l'échange d'une clé spécifique entre chaque couple de correspondants.

Clearnet par opposition au Darknet, le Clearnet est la partie « classique » du réseau, l'Internet ouvert auquel on accède habituellement.

Cookie fichier géré par les services internet et stocké sur le disque dur de l'utilisateur. Les cookies permettent de stocker des informations entre deux sessions de surf et facilitent ainsi la navigation. Dans les faits, ils sont surtout utilisés à des fins de traçage pour cibler et personnaliser les actions publicitaires. En théorie un cookie n'est accessible que par le site qui en est à l'origine, mais dans les faits les *third party cookies* sont très fréquents et le ciblage marketing peut s'appuyer sur des données multiples très précises. On recommande leur désactivation ou au moins leur effacement en fin de session. Bloquer les cookies est certainement l'action la plus simple et ayant le plus grand impact direct sur le traçage.

Creative Commons organisation à but non lucratif fondée en 2001 qui propose des licences pour libérer le partage d'une ressource intellectuelle. Le site (*creative-commons.org/choose*) permet de construire une licence qui autorise le partage sous certaines conditions comme le fait de citer l'auteur ou l'interdiction de l'utilisation à des fins commerciales.

Crypto Wars désigne la « guerre » que se mènent les États et les tenants des échanges chiffrés libres. Considérée comme gagnée par ces derniers au milieu des années 2000, les révélations Snowden et le programme *Bullrun* ont montré que ce n'était pas le cas.

Debian l'une des plus anciennes distributions Linux. Debian se veut très rigoureux quant au respect des principes du logiciel libre. C'est une distribution d'une grande fiabilité qui sert de base à de nombreuses autres (dont Tails et Ubuntu).

Deep Packet Inspection (DPI) méthode d'inspection du trafic réseau pouvant analyser le contenu des échanges. Elle est utilisée dans le domaine de la sécurité des réseaux, mais sert aussi d'outil d'espionnage et de surveillance.

Déni plausible en cryptographie, méthode qui permet de nier l'existence de données chiffrées. TrueCrypt par exemple permet de construire une zone cachée à l'intérieur d'un volume chiffré. Il est en théorie impossible d'en détecter l'existence, même si l'on déchiffre le volume principal.

DES (*Data Encryption Standard*) algorithme de chiffrage à clé secrète adopté comme standard aux États-Unis en 1977. Il est une version adaptée par la NSA d'un algorithme développé par Hors Feistel (*Lucifer*) à IBM.

EFF (*Electronic Frontier Foundation*) organisation à but non lucratif fondée aux États-Unis en 1990, ayant pour objet la préservation de la liberté d'expression. L'EFF est extrêmement active sur Internet. Elle est à l'origine de la démonstration de la faiblesse du DES. L'EFF développe des outils pour encourager et faciliter le chiffrage des échanges avec notamment HTTPS *Everywhere* qui active automatiquement le HTTPS quand c'est possible. Elle travaille actuellement au projet *Let's Encrypt* qui doit permettre de faciliter l'obtention de certificats SSL/TLS.

Escrow tiers de confiance utilisé sur les marchés noirs pour garantir un dépôt avant la bonne fin d'une transaction. On dépose le paiement chez un escrow qui le débloquera après réception de la commande. L'escrow a la charge de la gestion des éventuels litiges.

F2F (*Friend to Friend*) se dit d'un réseau où les échanges sont limités aux « amis, » c'est-à-dire à un ensemble d'individus spécifiquement sélectionnés.

Five Eyes groupe de 5 pays (Royaume-Uni, Canada, Nouvelle-Zélande, Australie et États-Unis) ayant des accords de coopération renforcée dans le domaine du renseignement.

GPG (*Gnu Privacy Guard*) implémentation GNU d'OpenPGP le standard ouvert adapté de PGP.

HTTP (*Hypertext Transfer Protocol*) protocole client-serveur à la base du Web.

HTTPS (*Hypertext Transfer Protocol Secure*) variante sécurisée et chiffrée du HTTP. Le HTTPS est basé sur le protocole SSL/TLS.

Homme du milieu (*Man in the Middle*) attaque qui consiste à se positionner en intermédiaire d'une communication. L'attaquant reçoit les communications de l'émetteur et les stocke avant de les renvoyer vers le destinataire final qui n'a conscience de rien. C'est une attaque typique contre le protocole SSL/TLS, c'est aussi celle qu'utilisent les IMSI-catchers.

IMSI-catcher système d'interception des communications téléphoniques mobiles. Les IMSI-catcher jouent le rôle d'antenne relais avant de renvoyer les données vers le réseau. En forçant les communications à passer en 2G (beaucoup moins sécurisé que la 3G et la 4G), ils peuvent déchiffrer les échanges. Utilisé (illégalement, car ne ciblant pas les interceptions) par les services de sécurité, la récente loi sur le renseignement doit les légaliser. À noter qu'il existe désormais un programme pour Android (AIMSICD, *github.com/SecUpwN/Android-IMSI-Catcher-Detector*) qui tente de les détecter.

IP (*Internet Protocol*) protocole de base d'internet. Le protocole IP permet d'échanger des *paquets* entre deux équipements connectés dotés chacun d'une adresse IP unique. Les communications sont découpées et acheminées via des chemins multiples. Le protocole TCP qui vient en dessus de IP gère la correction et l'ordre des paquets. L'un n'allant pas sans l'autre, on parle généralement pour internet de TCP/IP. L'adresse IP est en première approximation l'adresse unique d'un équipement. C'est grâce à elle que, avec l'appui des FAI, on peut retrouver l'identité d'un internaute.

MD5 (*Message Digest 5*) algorithme de hachage cryptographique qui calcule une empreinte de 128 bits avec une faible probabilité de collision. Il a été conçu par Ron Rivest en 1991. Aujourd'hui, MD5 n'est plus considéré comme fiable et il est surtout utilisé comme outil de vérification de l'intégrité d'un fichier.

Métadonnées données contenant des informations sur d'autres données. Sur une photo, les métadonnées peuvent par exemple préciser les dates et lieux de la prise. Pour les appels téléphoniques, elles contiennent notamment des informations de lieu et de date ainsi que d'identification des interlocuteurs. Pour les courriers électroniques, outre l'identité des correspondants, elles indiquent notamment les dates et les IP concernées. Les métadonnées constituent une faille essentielle dans l'anonymisation. MAT (*Metadata Anonymisation Toolkit, mat.boum.org*) permet de les retirer sur les principaux types de fichiers.

Mixnet structure réseau proposée en 1981 par David Chaum [Chaum, 1981] montrant comment on peut échanger tout en préservant l'anonymat des interlocuteurs. Un mixnet associe l'utilisation de relais et le chiffrage en couches pour dissimuler l'origine des communications et le contenu des échanges. Tor est une forme de mixnet.

Modulo reste de la division entière. L'arithmétique modulaire joue un rôle central dans les algorithmes de chiffrage.

NSA (*National Security Agency*) agence américaine en charge de la sécurité électronique. Elle mène aussi bien des opérations de surveillance que de renforcement de la sécurité des systèmes d'information et joue un rôle central dans le développement et le contrôle des outils de cryptographie. Fondée en 1952 et actuellement dotée d'un budget d'environ 10 milliards de dollars, la NSA est la plus secrète des agences américaines (on traduit parfois par dérision le sigle NSA par *No Such Agency*). Les révélations Snowden ont mis à jour l'ampleur de ses opérations de surveillance qui vont bien au-delà des impératifs de sécurité intérieure (espionnage économique notamment). La NSA est directement concernée par le développement des darknets dans la mesure où ils compliquent fortement son action.

OTR (*Off the Record Messaging*) protocole sécurisé pour les messageries instantanées. OTR permet de chiffrer entièrement ses communications. Il existe en tant qu'extension de nombreux clients, dont Pigdin pour le protocole XMPP. Il se caractérise par ses fonctions de confidentialité persistante, c'est-à-dire que la compromission d'une clé ne permet pas de déchiffrer les messages antérieurs.

Pair-à-Pair (*P2P*) se dit d'un réseau où les nœuds jouent aussi bien le rôle de client que de serveur. Les grands protocoles d'échanges comme Gnutella ou BitTorrent sont des formes de réseaux pairs-à-pairs. C'est aussi le cas d'I2P ou de Freenet.

PGP (*Pretty Good Privacy*) système de chiffrage et d'authentification des courriers électroniques proposé par Phil Zimmermann en 1991. PGP est à l'origine de la notion de *Web Of Trust* (toile de confiance). PGP n'est pas libre et a été repris par la société Symantec. Un standard ouvert a été développé (OpenPGP) avec une implémentation GNU (GPG).

Patriot Act (*Uniting and Strengthening America by Providing Appropriate Tools Required to Intercept and Obstruct Terrorism Act of 2001*) ensemble de lois adoptées après les attentats du 11 septembre 2001, qui a notamment pour objet de limiter l'intervention du pouvoir judiciaire dans les procédures d'interception des communications. Symbole du recul des libertés face au terrorisme, le Patriot Act n'a été que très partiellement revu à la suite du scandale Snowden. La loi française sur le renseignement de 2015 en est un avatar.

Porte dérobée fonctionnalité cachée d'un logiciel donnant accès à un tiers.

Preuve de travail démontre la bonne fin d'un calcul lourd. Les preuves de travail sont utilisées dans la gestion des Bitcoins pour garantir l'ordre des transactions et de la chaîne de blocs. Modifier cet ordre nécessite de réaliser des calculs plus rapidement que l'ensemble de la communauté. En théorie, si un nœud disposait de 51 % de la puissance de calcul, il pourrait pervertir la chaîne de blocs.

Protocole un protocole est un mode de communication entre équipements. Il définit notamment le format des données et le mode d'association des éléments qui souhaitent échanger. Un échange peut utiliser plusieurs protocoles à des niveaux différents. Les deux protocoles les plus courants sur internet sont TCP/IP et HTTP.

PKI (*Public Key Infrastructure*) structure centralisée qui permet de valider les certificats et les clés publiques pour garantir qu'elles correspondent bien au propriétaire déclaré. Le système de *Web of Trust* qui repose sur des validations croisées par les pairs en est une alternative.

Real Time Bidding (*enchères en temps réel*) système de ventes d'espaces publicitaires. En fonction de l'historique de navigation, des habitudes d'achat, etc., les annonceurs décident en temps réel du prix à payer pour passer leur annonce.

RSA algorithme de chiffrement à clé publique proposé en 1977 par Ronald Rivest, Adi Shamir et Leonard Adleman. RSA est maintenant un standard très largement utilisé sur internet.

Rubberhose par dérision on qualifie de « technique de la matraque, » les méthodes de cryptanalyse basées sur la coercition et la torture. Le système de fichier chiffré du même nom développé notamment par Julian Assange limite ce type de risque en permettant le déni plausible.

SHA (*Secure Hash Algorithm*) algorithme de hachage cryptographique. SHA est maintenant un grand standard. Il est massivement utilisé dans le système Bitcoin.

SSL/TLS (*Secure Socket Layer / Transport Layer Security*) protocole de chiffrage des échanges réseaux utilisé notamment sur le web (HTTPS). Basé sur un mix de chiffrages asymétriques et symétriques, le SSL/TLS est le premier garant de la confidentialité des échanges. Sans lui, les données —y compris les mots de passe— circulent en clair. Il doit être utilisé systématiquement quand le serveur le permet, ce qui heureusement tend à devenir la norme. Il est fortement recommandé d'utiliser l'extension HTTPS *Everywhere* de l'EFF qui l'active automatiquement quand c'est possible.

Table de hachage distribuée (*Distributed Hash Table*, DHT) table stockée sur les différents nœuds, dont le hachage détermine le pair où une donnée est stockée. Par opposition au routage traditionnel centralisé, une DHT permet de gérer l'information dans un réseau pair-à-pair de manière totalement décentralisée.

Tails (*The Amnesic Incognito Live System*) système Linux live basé sur Debian et conçu pour offrir la meilleure garantie d'anonymat. Tails implémente notamment Tor, I2P et OTR. Il est dit « outil détesté par la NSA. »

TCP voir **IP**.

Ubuntu distribution Linux basée sur Debian. Ubuntu se caractérise par sa simplicité d'installation et d'utilisation. Probablement la plus populaire des distributions actuelles, elle est critiquée pour ses « dérives commerciales. » Bien qu'une partie au moins de ces critiques soit fondée, on lui reste redevable de ce qu'elle a fait pour la popularisation de Linux.

UDP (*User Datagram Protocol*) protocole alternatif à TCP positionné au-dessus d'IP (on parle alors de UDP/IP). Doté de capacités de contrôle de l'intégrité des échanges moins puissantes que son homologue, UDP est utilisé pour les communications nécessitant une faible latence, comme les jeux en ligne ou la voix sur IP. Il est important quand on utilise un outil d'anonymisation de s'assurer qu'il gère bien le protocole sur lequel est basé le logiciel que l'on souhaite utiliser.

Web Of Trust (*toile de confiance*) modèle de validation des certificats et clés publiques. Afin d'éviter un système centralisé de type PKI, Phil Zimmermann a proposé un mécanisme de validation par les pairs lors de la création de PGP. La confiance dans l'authenticité d'une clé repose sur un système de validations croisées.

WebRTC (*Web Real-Time Communication*) interface de programmation permettant notamment de doter un navigateur de capacités de communication audio et vidéo. Ce système présente une faille importante et peut révéler l'IP réelle malgré l'usage d'un VPN. Il est recommandé de le désactiver. Seul Windows semble touché par cette faille.

XMPP (*Extensible Messaging and Presence Protocol*, initialement *Jabber*) protocole de messagerie instantanée basé sur XML. Il a été utilisé par les grands opérateurs comme Google ou Facebook avant qu'ils ne décident de passer à des protocoles maison. XMPP est le standard libre de la messagerie instantanée.

Zero-day faille logicielle non encore détectée. La recherche de zero-days est au cœur du travail des pirates de tout poil, puisqu'elles peuvent permettre de pénétrer un système même s'il est correctement configuré et mis à jour. Aujourd'hui, des agences spécialisées recherchent des zero-days dans les logiciels commerciaux et se mettent au service des grandes agences de renseignement et autres sociétés de sécurité. C'est un dévoiement fort du système, puisque les vulnérabilités sont cachées et restent donc en place au lieu d'être corrigées.

Bibliographie

[Antonopoulos, 2015] ANTONOPOULOS, A. M. (2015). *Mastering Bitcoin*. O'Reilly.

[Bergen *et al.*, 2014] BERGEN, P., STERMAN, D., SCHNEIDER, E. et CAHALL, B. (2014). *Do NSA's Bulk Surveillance Programs Stop Terrorists?* New America Foundation.

[Bergman, 2001] BERGMAN, M. K. (2001). White Paper: The Deep Web: Surfacing Hidden Value. *Journal of Electronic Publishing*, 7(1).

[Berners-Lee, 1989] BERNERS-LEE, T. (1989). *Information Management: A Proposal*. CERN.

[Biddle *et al.*, 2003] BIDDLE, P., ENGLAND, P., PEINADO, M. et WILLMAN, B. (2003). The Darknet and the Future of Content Distribution. *In Digital Rights Management*, Lectures Notes in Computer Science, 2770, pages 344–365. Springer.

[Biryukov *et al.*, 2014] BIRYUKOV, A., KHOVRATOVICH, D. et PUSTOGAROV, I. (2014). Deanonymisation of Clients in Bitcoin P2P Network. *In Proceedings of the 2014 ACM SIGSAC Conference on Computer and Communications Security*, CCS '14, pages 15–29, New York, NY, USA. ACM.

[Borisov *et al.*, 2004] BORISOV, N., GOLDBERG, I. et BREWER, E. (2004). Off-the-record Communication, or, Why Not to Use PGP. *In Proceedings of the 2004 ACM Workshop on Privacy in the Electronic Society*, WPES '04, pages 77–84, New York, USA. ACM.

[Brin et Page, 1998] BRIN, S. et PAGE, L. (1998). The Anatomy of a Large-Scale Hypertextual Web Search Engine. *In Seventh International World-Wide Web Conference (WWW 1998)*.

[Broder *et al.*, 2000] BRODER, A., KUMAR, R., MAGHOUL, F., RAGHAVAN, P., RAJAGOPALAN, S., STATA, R., TOMKINS, A. et WIENER, J. (2000). Graph structure in the Web. *Computer Networks: The International Journal of Computer and Telecommunications Networking*, 33(1-6):309–320.

[Canard-PC, 2015] CANARD-PC (2015). L'aspirateur à données. *Canard PC*, (23).

[Carlo et Kamphuis, 2015] CARLO, S. et KAMPHUIS, A. (2015). *Information Security for Journalists*. Centre for Investigative Journalism.

[Castelluccia et Le Métayer, 2015] CASTELLUCCIA, C. et LE MÉTAYER, D. (2015). Les failles de la loi sur le renseignement. *La Recherche*, (505):61–65.

[Chatelain, 2015] CHATELAIN, Y. (2015). *Surfez couvert ! Protéger et défendre sa vie privée numérique*. Ellipses.

[Chaum, 1981] CHAUM, D. L. (1981). Untraceable Electronic Mail, Return Addresses, and Digital Pseudonyms. *Communications of the ACM*, 24(2):84–88.

[Christin, 2013] CHRISTIN, N. (2013). Traveling the Silk Road: A Measurement Analysis of a Large Anonymous Online Marketplace. *In Proceedings of the 22Nd International Conference on World Wide Web*, WWW '13, pages 213–224, Republic and Canton of Geneva, Switzerland. International World Wide Web Conferences Steering Committee.

[Clarke, 1999] CLARKE, I. (1999). *A distributed decentralised information storage and retrieval system*. Master's thesis, University of Edinburgh.

[Clarke *et al.*, 2002] CLARKE, I., HONG, T. W. et SANDBERG, O. (2002). Protecting Free Expression Online with Freenet. *IEEE Internet Computing*, 6(1):40–49.

[Clarke *et al.*, 2001] CLARKE, I., SANDBERG, O., WILEY, B. et HONG, T. W. (2001). Freenet: A Distributed Anonymous Information Storage and Retrieval System. *In Proceedings of the International Workshop on Designing Privacy Enhancing Technologies: Design Issues in Anonymity and Unobservability*, pages 46–66. Springer-Verlag.

[Collectif, 2014] COLLECTIF (2014). Guide d'autodéfense numérique. *In guide.boum.org*.

[Collet et Rennard, 2006] COLLET, P. et RENNARD, J.-P. (2006). Stochastic Optimization Algorithms. *In Handbook of Research on Nature Inspired Computing for Economics and Management*. IGI.

[CPVP, 2014] CPVP (2014). *Métadonnées et vie privée*. Commissariat à la protection de la vie Privée du Canada.

[Deleuze, 1990] DELEUZE, G. (1990). Le devenir révolutionnaire et les créations politiques. *Futur Antérieur*, (1).

[Diffie et Hellman, 1976a] DIFFIE, W. et HELLMAN, M. E. (1976a). Multiuscr cryptographic techniques. *AFIPS '76 Proceedings of the June 7-10, 1976, national computer conference and exposition*, pages 109–112.

[Diffie et Hellman, 1976b] DIFFIE, W. et HELLMAN, M. E. (1976b). New Directions in Cryprography. *IEEE Transactions on Information Theory*, 22(6):644–654.

[Dimon, 2014] DIMON, J. (2014). *Letter to Shareholders*. JP Morgan Chase.

[Dingledine *et al.*, 2004] DINGLEDINE, R., MATHEWSON, N. et SYVERSON, P. F. (2004). Tor: The Second-Generation Onion Router. *In 13th USENIX Security Symposium.*

[Domscheit-Berg, 2011] DOMSCHEIT-BERG, D. (2011). *Inside WikiLeaks.* Grasset.

[Egger *et al.*, 2013] EGGER, C., SCHLUMBERGER, J., KRUEGEL, C. et VIGNA, G. (2013). Practical Attacks Against the I2P Network. *In Proceedings of the 16th International Symposium on Research in Attacks, Intrusions and Defenses (RAID 2013).*

[European-Parliament, 2012] EUROPEAN-PARLIAMENT (2012). *After the Arab Spring: New Paths for Human Rights and the Internet in European Foreign Policy.* European Parliament.

[Fiévet, 2014] FIÉVET, C. (2014). *Comprendre Bitcoin et les crypto-monnaies alternatives.* Librinova.

[Foucault, 1993] FOUCAULT, M. (1993). *Surveiller et punir.* Gallimard.

[Foucault, 1994] FOUCAULT, M. (1994). *Dits et Ecrits.* Gallimard.

[Gauron, 2006] GAURON, P. (2006). *Interconnexion et routage efficaces pour les procédures de recherche décentralisées dans les systèmes pair-à-pair.* Thèse de doctorat, Faculté des sciences d'Orsay.

[Ghazvininejad et Knight, 2015] GHAZVININEJAD, M. et KNIGHT, K. (2015). How to Memorize a Random 60-Bit String. *In Proceedings NAACL.*

[Goldschlag *et al.*, 1996] GOLDSCHLAG, D. M., REED, M. G. et SYVERSON, P. F. (1996). Hiding Routing Information. *In Workshop on Information Hiding.*

[Greenwald, 2014] GREENWALD, G. (2014). *Nulle part où se cacher.* Lattès.

[Guitton, 2013] GUITTON, C. (2013). A review of the available content on Tor hidden services: The case against further development. *Computers in Human Behavior*, (29):2805–2813.

[Kahn, 1997] KAHN, D. (1997). *The Codebreakers.* S & S International.

[Kerckhoffs, 1883a] KERCKHOFFS, A. (1883a). La cryptographie militaire. *Journal des sciences militaires*, 9:5–38.

[Kerckhoffs, 1883b] KERCKHOFFS, A. (1883b). La cryptographie militaire. *Journal des sciences militaires*, 9:161–191.

[Koshy *et al.*,] KOSHY, P., KOSHY, D. et MCDANIEL, P. An Analysis of Anonymity in Bitcoin Using P2P Network Traffic. *In* CHRISTIN, N. et SAFAVI-NAINI, R., éditeurs : *Financial Cryptography and Data Security*, volume 8437 de *Lecture Notes in Computer Science*, pages 469–485. Springer Berlin Heidelberg.

[Lawrence et Lee Giles, 1998] LAWRENCE, S. et LEE GILES, C. (1998). Searching the World Wide Web. *Science*, 280(4):98–100.

[Le Blond *et al.*, 2010] LE BLOND, S., LEGOUT, A., LEFESSANT, F., DABBOUS, W. et KAAFAR, M. A. (2010). Spying the World from your Laptop. *In 3rd USENIX Workshop on Large-Scale Exploits and Emergent Threats (LEET'10).*

[Levy, 2001] LEVY, S. (2001). *Crypto: How the Code Rebels Beat the Government–Saving Privacy in the Digital Age.* Penguin Books.

[Mansfield-Devine, 2009] MANSFIELD-DEVINE, S. (2009). Darknets. *Computer Fraud & Security*, 9(12):4–7.

[Markoff, 2006] MARKOFF, J. (2006). *What the Dormouse Said: How the Sixties Counterculture Shaped the Personal Computer Industry.* Penguin Books.

[McCormick, 2013] MCCORMICK, T. (2013). The Darknet: A Short History. *Foreign Policy*, (9/12/2013).

[Ministère des finances, 2014] MINISTÈRE DES FINANCES (2014). *L'encadrement des monnaies virtuelles.* Ministère des finances.

[Nakamoto, 2009] NAKAMOTO, S. (2009). *Bitcoin: A Peer-to-Peer Electronic Cash System.*

[Norman, 1978] NORMAN, A. (1978). Project Goldfish. *IPC Science and Technology*, 1(1):8–15.

[Page *et al.*, 1998] PAGE, L., BRIN, S. et MOTWANI, R. (1998). *The PageRank Citation Ranking: Bringing Order to the Web.* Stanford University.

[Pagliery, 2014] PAGLIERY, J. (2014). *Bitcoin and the Future of Money.* Triumph Books.

[Parra-Arnau et Castelluccia, 2015] PARRA-ARNAU, J. et CASTELLUCCIA, C. (2015). Dataveillance and the False-Positive Paradox. *hal-01157921.*

[Pederson, 2013] PEDERSON, S. (2013). *Understanding the Deep Web in 10 Minutes.* BrightPlanet.

[Reid et Harrigan, 2013] REID, F. et HARRIGAN, M. (2013). An Analysis of Anonymity in the Bitcoin System. *In* ALTSHULER, Y., ELOVICI, Y., CREMERS, A. B., AHARONY, N. et PENTLAND, A., éditeurs : *Security and Privacy in Social Networks*, pages 197–223. Springer New York.

[Rivest *et al.*, 1978] RIVEST, R., SHAMIR, A. et ADLEMAN, L. (1978). A Method for Obtaining Digital Signatures and Public-Key Cryptosystems. *Communications of the ACM*, 21(2):120–126.

[Sachs, 2014] SACHS, G. (2014). All About Bitcoin. *Top of Mind*, (21).

[Shannon, 1949] SHANNON, C. (1949). A Mathematical Theory of Communication. *Communication Theory of Secrecy Systems*, 28(4):656–715.

[Siganos *et al.*, 2006] SIGANOS, G., TAURO, S. L. et FALOUTSOS, M. (2006). Jellyfish: A conceptual model for the AS Internet topology . *Communications and Networks, Journal of*, 8(3).

[Smith et Weiss, 1988] SMITH, J. B. et WEISS, S. F. (1988). An Overview of Hypertext. *Communications of the ACM*, 31(7):816–819.

[Soska et Christin, 2015] SOSKA, K. et CHRISTIN, N. (2015). Measuring the Longitudinal Evolution of the Onlinc Anonymous Marketplace Ecosystem. *In Proceedings of the 22nd USENIX Security Symposium*, pages 33–48.

[Tesquet, 2011] TESQUET, O. (2011). *La véritable histoire de WikiLeaks*. Owni.

[Thompson, 2013] THOMPSON, J. (2013). *Bitcoin: A Total Explanation*. Thompson, Joel.

[Timpanaro *et al.*, 2012] TIMPANARO, J. P., CHRISMENT, I. et FESTOR, O. (2012). A Bird's Eye View on the I2P Anonymous File-sharing Environment. *In Proceedings of the 6th International Conference on Network and System Security*, Wu Yi Shan, China.

[Wagner, 2012] WAGNER, B. (2012). *Exporting Censorship and Surveillance Technology*. Hivos.

[Yarali *et al.*, 2009] YARALI, A., AHSANT, B. et RAHMAN, S. (2009). Wireless Mesh Networking: A Key Solution for Emergency and Rural Applications . *In Second International Conference on Advances in Mesh Networks.*

[Zantout et Haraty, 2011] ZANTOUT, B. et HARATY, R. (2011). I2P Data Communication System. *In Proceedings of ICN 2011, The Tenth International Conference on Networks.*

Table des encadrés

Table des figures

Table des matières

Crédits

Cliparts : les cliparts utilisés dans les illustrations ont été mis dans le domaine public sur *openclipart.org*.

Deep web (figures 1.1, page 13 ; 1.2, page 16) : Image créée par Uwe Kils et Wiska Bodo, sous licence Creative Commons Attribution-ShareAlike 3.0, disponible sur Wikimedia Commons
(*commons.wikimedia.org/wiki/File:Old_Wikisource_logo_used_until_2006.jpg*).

Scytale (figure 2.1 page 26) : clipart créé par Devlin M. Gualtieri, sous licence Creative Commons Attribution-ShareAlike 3.0, disponible sur Wikimedia Commons (*commons.wikimedia.org/wiki/File:Scytale.png*).

Tor Browser (figure 3.5 page 56) : extrait de la documentation du Tor Browser (*torproject.org/projects/torbrowser.html.en*) publiée sous licence Creative Commons Attribution 3.0.

Nombre d'utilisateurs de Tor (figure 3.7 page 58) : source *metrics.torproject.org* publiée sous licence Creative Commons Attribution 3.0.

La page d'accueil de Freenet (figure 3.15 page 65) : image Freenet, publiée avec leur aimable autorisation.

I2P (figure 3.18 page 70) : extrait de la documentation d'I2P (*geti2p.net*) publiée sous licence Creative Commons Attribution-ShareAlike 4.0.

Enigmail (figures 3.21, page 77 ; 3.22, page 78 ; 3.23, page 78) : extrait de la documentation d'Enigmail publiée sous licence Creative Commons Attribution 3.0

Bitmessage (figure 3.25 page 79) : extrait de la documentation de Bitmessage publiée sous licence Creative Commons Attribution 3.0.

Multibit (figures 4.2, page 87 ; 4.5, page 91 ; 4.6, page 91) : extraits de Multibit publié sous licence MIT.

Portefeuille papier (figure 4.3 page 89) extrait de *bitcoinpaperwallet.com*, avec leur aimable autorisation.

Bitcoins physiques (figure 4.4 page 89) image mise dans le domaine public par *casascius.com*.

Blockchain.info (figures 4.7, page 92 ; 4.14, page 101) extraits du site *Blockchain.info*, avec son aimable autorisation.

Slik Road (figure 5.1 page 116) : extrait de [Christin, 2013], avec l'aimable autorisation de l'auteur.

Ce livre a été rédigé en LaTeX(*latex-project.org*) avec TeX Live (*tug.org/texlive*) et Kile (*kile.sourceforge.net*) sous Debian Jessie (*debian.org*). Les illustrations ont été réalisées avec Inkscape (*inkscape.org*) et GIMP (*gimp.org*).

Index